AME A SI MESMO: SUA VIDA DEPENDE DISSO

AME A SI MESMO: SUA VIDA DEPENDE DISSO

KAMAL RAVIKANT

Tradução
Laura Folgueira

Rio de Janeiro, 2020

Copyright © 2020 by Kamal Ravikant. All rights reserved.
Título original: Love Yourself Like Your Life Depends on It

Todos os direitos desta publicação são reservados à Casa dos Livros Editora LTDA. Nenhuma parte desta obra pode ser apropriada e estocada em sistema de banco de dados ou processo similar, em qualquer forma ou ameio, seja eletrônico, de fotocópia, gravação etc., sem a permissão do detentor do copyright.

Diretora editorial: *Raquel Cozer*

Gerente editorial: *Alice Mello*

Editor: *Ulisses Teixeira*

Copidesque: *Thaís Carvas*

Liberação de original: *Anna Beatriz Seilhe*

Revisão: *Marina Góes*

Capa: © *Faceout Studios*

Adaptação de capa: *Osmane Garcia Filho*

Imagem de capa: *Shutterstock*

Diagramação: *Abreu's System*

CIP-Brasil. Catalogação na Publicação
Sindicato Nacional dos Editores de Livros, RJ

R211a
    Ravikant, Kamal
      Ame a si mesmo: sua vida depende disso / Kamal Ravikant; tradução Laura Folgueira. – 1. ed. – Rio de Janeiro: Harper Collins, 2020.
      240 p.

      Tradução de: Love yourself like your life depends on it
      ISBN 9788595086708

      1. Autoaceitação. 2. Autoestima. 3. Autorrealização (Psicologia). I. Folgueira, Laura. II. Título.

19-61999
                           CDD: 158.1
                           CDU: 159.923.2

Meri Gleice Rodrigues de Souza – Bibliotecária – CRB-7/6439

Os pontos de vista desta obra são de responsabilidade de seu autor, não refletindo necessariamente a posição da HarperCollins Brasil, da HarperCollins Publishers ou de sua equipe editorial.

HarperCollins Brasil é uma marca licenciada à Casa dos Livros Editora LTDA.
Todos os direitos reservados à Casa dos Livros Editora LTDA.
Rua da Quitanda, 86, sala 218 — Centro
Rio de Janeiro, RJ — CEP 20091-005
Tel.: (21) 3175-1030
www.harpercollins.com.br

A James, Kristine, Sajid, Sal, Sydney e Gideon.
Vocês fizeram este livro existir. Obrigado.

POR QUE LER ESTE LIVRO?

Eu quase não publiquei *Ame a si mesmo: sua vida depende disso*. Estava apavorado. Lá estava eu, um CEO que tinha desmoronado depois do fracasso de sua empresa, escrevendo um livro sobre como amar a si mesmo o salvou. Achei que seria motivo de piada e que minha carreira estaria acabada.

Mas superei os medos e compartilhei minha verdade com o mundo. O que aconteceu depois mudou minha vida.

O livro viralizou. Pessoas incríveis de várias partes do mundo o compartilharam na internet e em redes sociais. Compraram exemplares para amigos e familiares. Escreveram resenhas sinceras. Alguns literalmente tiveram a vida salva pelo livro. Para outros, foi a primeira vez que se amaram.

E pensar em como cheguei perto de ceder a meus medos. Foi uma lição de vida importante.

Muitos leitores me procuraram para mostrar como aplicaram o que está escrito aqui. Fizeram perguntas. Ensinaram-me que, apesar do sucesso, o que eu tinha compartilhado não era suficiente. Para criar um impacto duradouro, eu precisava me aprofundar e compartilhar muito mais. Eu devia isso a este livro. Devia a todos que o leriam.

Então, sete anos após lançá-lo pela primeira vez, aqui está. Todas as perguntas que recebi, respondidas. Minha intenção é que, quando você terminar sua leitura, não apenas estará comprometido a amar-se, mas saberá exatamente como fazer isso. E mais importante, como fazer isso durar.

A Parte I, *O juramento*, é a versão original, ampliada — o que eu queria que alguém tivesse me dado quando eu estava no fundo do poço. Sem fofuras, sem rodeios. Você pode ler e transformar sua vida.

A Parte II, *O manual*, é nova. Explica o processo que refinei ao longo dos anos para me amar. Depois, mostra como você pode levar isso ao próximo nível. Tudo aqui é fácil e eficaz. Resumindo, é um guia passo a passo de como amar a si mesmo. Outra informação que eu gostaria que alguém tivesse me dado.

A Parte III, *A lição*, também inédita, é um registro de uma época em que caí feio. Expõe como apliquei tudo neste livro para me curar e, então, me levantar. Você verá minha jornada interior e exterior, os acertos e erros que cometi. Como muitas vezes aprendemos melhor com histórias, vivenciar minha transformação ajudará a criar a sua.

Minha vida se divide em antes e depois de eu jurar me amar. Não consigo pensar em uma forma melhor de viver. Por favor, tente. Funciona.

PARTE I

O JURAMENTO

COMO COMEÇOU

Em dezembro de 2011, participei do Renaissance Weekend, ou Fim de Semana Renascentista, em Charleston, Carolina do Sul. Não é o que você está pensando — nada de cavaleiros duelando nem lindas donzelas. Em vez disso, uma conferência frequentada por CEOs do Vale do Silício e de Nova York, tipos hollywoodianos de Los Angeles e políticos e suas equipes de Washington. É como o TED, mas todo mundo está designado para falar em painéis ou dar uma palestra. A inscrição perguntava sobre prêmios e reconhecimentos recebidos e, como exemplo, listava o Nobel. Sério.

Não ganhei prêmio algum. Nem tenho pedigree. Não está escrito Goldman Sachs nem Morgan Stanley em meu cartão de visitas. Quando o fundador do evento me apresentou à plateia em uma palestra que dei — o título que me foi designado era "Se eu pudesse fazer qualquer coisa..." —, disse: "Kamal não consegue ficar parado. Seja como soldado de infantaria no Exército norte-americano ou escalando os Himalaias, ou atravessando a Espanha por um antigo caminho de peregrinação, ele está sempre em movimento."

Aquele homem tinha feito sua pesquisa. Não me lembro do resto, mas sim de sua última frase: "Com certeza, ele vai ter algo interessante para compartilhar conosco."

Eu tinha exatamente dois minutos para subir em um pódio e falar com uma plateia de cientistas, oficiais do Pentágono, políticos e CEOs — todos muito mais qualificados do que eu para falar sobre praticamente qualquer coisa. O palestrante anterior tinha sido a pessoa mais jovem a se formar no MIT. Com honras, é claro.

É interessante o que passa em nossa mente em momentos assim. O tempo desacelera, claro. Mas isso é quase um clichê. Só há o pódio e o microfone. Você sobe. A plateia fica borrada, como se estivesse fora de foco. O relógio começa.

E, então, eu soube o que fazer. Ofereceria algo que ninguém mais podia oferecer. Minha verdade. Algo que aprendi puramente com a experiência, algo que me salvou. A plateia entrou em foco.

— Se eu pudesse fazer qualquer coisa — falei no microfone —, compartilharia o segredo da vida com o mundo. — Risadas da plateia. — E eu o descobri há alguns meses.

Durante os dois minutos seguintes, falei sobre o verão anterior, quando eu tinha ficado muito doente, praticamente de cama. A empresa que construí do zero quatro anos antes tinha acabado de falir, enfrentei um término de relacionamento e uma amiga que eu amava morrera de repente.

— Dizer que eu estava deprimido teria sido otimismo — falei.

Contei sobre a noite em que fiquei acordado até tarde, navegando no Facebook, olhando fotos de minha amiga que tinha falecido e chorando, infeliz, sentindo saudade dela. Contei sobre acordar no dia seguinte sem conseguir aguentar mais, sobre o juramento que fiz e como isso mudou tudo. Dentro de dias, comecei a melhorar. Fisicamente, emocionalmente. Mas o que me surpreendeu foi que a vida melhorou sozinha. Dentro de um mês, minha vida tinha se transformado. A única constante era o juramento que fiz a mim mesmo e como o mantive.

Depois, e durante o resto da conferência, as pessoas me procuraram em particular e me disseram o quanto o que compartilhei tinha significado para elas. Uma mulher me disse que, enquanto estava sentada na plateia, me ouvindo, percebera que esse era o motivo para sua vinda. E eu só tinha compartilhado uma verdade que aprendi.

Um mês depois, um amigo estava passando por um período difícil, então, rapidamente escrevi o que tinha feito naquele verão e enviei a ele. Ajudou muito. Meses depois, compartilhei isso em um e-mail para James Altucher, um amigo querido e meu blogueiro favorito. Ele respondeu, oferecendo-se para publicar como post de convidado em seu blog.

Naturalmente, recusei.

Verdade seja dita, entrei em pânico. Vários amigos meus liam o blog dele. Sou um empreendedor no Vale do Silício. Tudo bem escrever sobre startups. Mas sobre isso?

"Você precisa", James respondeu. "É a única mensagem que importa."

Dividi meu medo com ele — o que as pessoas iam pensar? A resposta dele, algo que nunca esquecerei e pelo que sempre serei grato: "Hoje, só faço um post se estiver preocupado com o que as pessoas vão pensar de mim."

Então, fiz um acordo com ele. Eu tinha guardado anotações sobre o que havia aprendido, a prática, como tive sucesso e fracassei. Juntei-as em um livro e enviei. Se ele gostasse, publicaria.

E foi assim que viemos parar aqui.

SOBRE O QUE É?

Sobre amar a si mesmo. A mesma coisa que sua mãe já falou para você, mesma coisa que os livros de autoajuda repetiram vezes suficientes para ser um clichê. Mas tem uma diferença. Não é da boca para fora. Não é uma abordagem do tipo disparar e esquecer. É algo que aprendi dentro de mim, algo que acredito que me salvou. E mais do que isso, há a forma como decidi fazê-lo. Em sua maioria, simples o bastante para ser idiota. Mas na simplicidade está a verdade. Na simplicidade está o poder.

Começando com o manuscrito que mandei a meu amigo, esta é uma coleção de pensamentos sobre o que aprendi, o que funcionou, o que não funcionou. Onde tive sucesso e onde fracasso diariamente.

Como um sábio amigo gosta de me lembrar, é uma prática. Ninguém vai à academia uma vez e acha que conquistou o que queria. O mesmo vale aqui. A meditação é uma prática. O exercício físico é uma prática. Amar a si mesmo é uma prática, talvez a mais importante de todas.

A verdade é amar a si mesmo com a mesma intensidade que teria para se puxar para cima se estivesse pendurado em um precipício. Como se sua vida dependesse disso. Depois de começar, não é difícil. Só exige comprometimento, e vou compartilhar como fiz.

Está sendo transformador para mim. Sei que será transformador para você também.

INÍCIO

Eu estava mal. Infeliz demais. Havia dias em que eu me deitava na cama, com as cortinas fechadas, a manhã lá fora se transformava em noite e, de novo, em manhã, e eu simplesmente não queria lidar. Lidar com meus pensamentos. Lidar com o fato de estar doente. Lidar com o sofrimento. Lidar com minha empresa fracassando. Lidar... com... a vida.

Aqui está o que me salvou.

Eu tinha chegado ao meu limite. Lembro bem. Não conseguia mais aguentar. Já estava farto. Farto de tudo isso. Dessa infelicidade, dessa dor, dessa angústia, de ser eu. Estava de saco cheio, farto.

Farto. Farto. Farto.

E nesse desespero, saí da cama, fui tropeçando até minha escrivaninha, abri meu caderno e escrevi:

Neste dia, juro amar a mim mesmo, tratar-me como alguém que amo verdadeira e profundamente — em meus pensamentos, em minhas ações, nas escolhas que faço, nas experiências que tenho, a cada momento em que estou consciente, tomo a decisão de AMAR A MIM MESMO.

Não havia mais nada a dizer. Quanto tempo levei para escrever isso? Talvez menos de um minuto. Mas a intensidade era como se eu estivesse entalhando as palavras no papel, através da mesa. Eu estava enojado comigo mesmo — era capaz de amar os outros, mas e a mim? Daquele momento em diante, eu focaria apenas esse pensamento. Por mim.

Como amar a mim mesmo, eu não sabia. Só sabia que tinha feito um juramento — algo muito maior do que uma vontade ou um desejo, um "eu gostaria" ou "seria legal". Um juramento. Eu tinha de ir com tudo ou me destruir tentando. Não havia meio-termo.

Em meu quarto, na escuridão, com uma cidade lá fora que não tinha ideia da decisão que eu tomara, decidi amar a mim mesmo.

A forma como fiz isso foi a coisa mais simples em que consegui pensar. E, importante, algo que eu conseguia fazer independentemente de quanto estivesse me sentindo mal. Comecei a dizer a mim mesmo: *eu me amo*. Um pensamento que eu repetia e repetia. Primeiro, deitado na cama por horas, repetindo para mim mesmo: *eu me amo, eu me amo, eu me amo, eu me amo, eu me amo...*

A mente vagava, é claro, a cabeça caía em buracos negros, mas a cada vez que eu notava, voltava a repetir: *eu me amo, eu me amo, eu me amo, eu me amo...* e continuava.

Primeiro na cama, depois tomando banho, depois quando estava on-line, depois quando falava com alguém, dentro da minha cabeça, eu estava dizendo: *eu me amo, eu me amo, eu me amo, eu me amo.* Virou uma âncora, a única coisa verdadeira.

Então, passei a adicionar qualquer coisa que pudesse funcionar e, se funcionasse, eu mantinha. Se não, eu jogava fora. Antes que pudesse perceber, eu tinha criado um método simples que levou a prática de amar a mim mesmo a um novo nível. Eu estava comprometido. Não havia como voltar.

Eu melhorei. Meu corpo começou a se curar mais rápido. Meu estado mental ficou mais leve. Mas algo que nunca esperei ou imaginei aconteceu: a vida ficou melhor. Não só melhor, aconteceram coisas que estavam fantasticamente fora do meu alcance, coisas com as quais eu não poderia nem sonhar. Era como se a vida dissesse: "Finalmente, seu idiota. E deixe-me mostrar que você tomou a decisão certa."

Pessoas entraram na minha vida, oportunidades surgiram, eu me vi usando a palavra *mágico* para descrever o que estava acontecendo.

E, durante tudo isso, continuei repetindo: *eu me amo, eu me amo, eu me amo, eu me amo.* Segui com a prática.

Em menos de um mês, eu estava saudável, estava em forma de novo, estava feliz, estava sorrindo. Pessoas incríveis entraram na minha vida, situações se resolveram. E esse tempo todo, estivesse eu em meu computador ou em uma reunião, na minha cabeça, estava dizendo: *eu me amo*.

Para ser sincero, no início, eu não acreditava que me amava. Quantos de nós se amam? Mas não importava em que eu acreditava. O importante era que eu estava fazendo aquilo e da forma mais simples possível, focando um pensamento de novo e de novo, e novamente até estar mais em minha mente do que não estar.

Imagine só. Imagine o sentimento de ver-se amando a si mesmo sem se esforçar. É como ver um pôr do sol com o canto dos olhos. Faz com que você pare.

Por que amar?

Por que não "eu gosto de mim"? Ou "eu me aceito"? Ora, por que tem de ser amor?

Esta é minha teoria: se você já foi bebê, experimentou o amor. A mente o conhece em um nível fundamental, até primitivo. Então, ao contrário de muitas palavras, "amor" tem a capacidade de passar pelo consciente e entrar no subconsciente, onde a mágica acontece.

E se você não acreditar que se ama? Não importa. Seu papel é construir o caminho, tijolo por tijolo, reforçar as conexões entre os neurônios. A mente já tem uma ligação forte para o amor. O corpo também o conhece. Sabe que o amor alimenta, que o amor é gentil, que o amor aceita. Sabe que o amor cura.

Seu trabalho não é fazer nenhuma dessas coisas. Seu trabalho é puramente se amar. Verdadeira e profundamente. Sentir. De novo e de novo. Fazer disso seu único foco. A mente e o corpo responderão automaticamente. Não há escolha.

Aqui está a melhor parte, a que me faz sorrir enquanto escrevo. Quando você se ama, a vida o ama de volta. E acho que ela também não tem escolha. Não sei explicar como funciona, mas sei que é verdade.

Quando você se vir usando a palavra *"mágica"* para descrever sua vida, vai saber do que estou falando.

A PRÁTICA

Tentei detalhar exatamente todas as minhas ações que funcionaram. E como é possível replicá-las. Resume-se em quatro coisas que mostrarei como fazer:

1. Repetição mental
2. Uma meditação
3. Espelho
4. Uma pergunta

Essas quatro coisas suavemente me levaram de volta ao amor-próprio. Essa é a beleza da prática. Ela é simples, pragmática, e os resultados são muito maiores do que se pode imaginar.

Afinal, se você se amasse verdadeira e profundamente, limitaria sua vida ao que achava ser possível anteriormente? Não. Surpreenderia a si mesmo.

Há uma exigência. Um compromisso feroz em amar a si mesmo. Isso, infelizmente, não pode ser deixado de lado. E se você não acreditar que se ama ou, caramba, nem que se gosta? Não importa. Se tiver de evoluir até chegar lá, tudo bem. A prática funciona da forma como a mente é projetada para funcionar. A mente não tem escolha a não ser se adaptar e reagir.

Só continue aberto à possibilidade de amar a si mesmo.
O resto é fácil.

JANELA

A escuridão é a ausência de luz. Se você se lembrar disso, vai mudar sua vida. Mudou a minha. É nesse conceito que se baseia a prática.

Qualquer pensamento negativo é escuridão. Como removê-lo? Lutando contra o medo ou a preocupação? Afastando ou afogando a tristeza e a dor? Não funciona.

Em vez disso, imagine que está em um quarto escuro e o sol está brilhando lá fora. Seu trabalho é ir à janela, pegar um pano e começar a limpar. Só limpe. E logo a luz entrará naturalmente, levando a escuridão embora.

É simples assim. Cada vez que a mente estiver envolvida na escuridão — por medo, preocupação, dor, o que seja — e você notar, limpe a janela. A luz vai entrar.

I. REPETIÇÃO MENTAL

Sento-me à minha mesa. São Francisco brilha do outro lado das grandes janelas do quarto. Uma placa da Coca-Cola pisca, depois se reconstrói, uma letra de cada vez. Vejo carros na Market Street, com as luzes vermelhas do freio. A famosa torre em cima dos Twin Peaks é engolida pela noite, escondida pela névoa.

Se alguém abrisse minha cabeça neste momento e olhasse lá dentro, acabaria se perguntando, com um sotaque pesado do Sul: "Este menino não tem imaginação?"

Só há um pensamento correndo por minha mente: *eu me amo. Eu me amo. Eu me amo.*

Há dias, desde que fiz o juramento, esse é meu único foco. Às vezes, um sussurro; às vezes, silencioso. Quando escovo meus dentes, murmurando. No chuveiro, em voz alta. Sem parar. *Eu me amo, eu me amo, eu me amo.*

Não tenho nada a perder. Só existe isto. Eu me amo, eu me amo, não estou nem aí para mais nada, eu me amo.

Uma vez, ouvi alguém explicar os pensamentos assim: nós, como seres humanos, pensamos que estamos pensando. Isso não é verdade. Na maior parte do tempo, estamos lembrando. Estamos revivendo memórias. Estamos passando padrões e repetições familiares em nossa mente. De felicidade, procrastinação, tristeza. Medos, esperanças, sonhos, desejos. Temos repetições para tudo.

Ficamos revivendo as repetições, que, por sua vez, disparam sentimentos. É automático ao ponto de acreditarmos que não temos escolha. Mas isso está longe de ser verdade.

Imagine uma repetição de pensamento da seguinte forma: um caminho construído pelo uso constante. Como uma ranhura na pedra criada pela água. Tempo suficiente, intensidade suficiente, e faz-se um rio.

Se você teve um pensamento uma vez, ele não tem poder sobre você. Repita-o várias e várias vezes, especialmente com intensidade emocional, sentindo-o e, com o tempo, você cria os canais, o rio mental. Aí, ele assume o controle.

E é por isso que uma repetição mental focada é a solução. Pegue esse pensamento, *eu me amo*. Adicione intensidade emocional, porque isso aprofunda a ranhura mais rápido do que qualquer coisa. Sinta o pensamento. Fale-o de novo e de novo. Sinta-o. Fale-o. Se você acredita ou não, não importa, só foque este único pensamento. Torne-o sua verdade.

O objetivo aqui é criar um canal mais profundo do que aqueles criados ao longo dos anos — aqueles que se transformam em sentimentos incapacitantes. Eles também levaram tempo. Alguns, temos desde a infância.

E é por isso que é preciso um compromisso focado. Por isso, deve ser uma prática. Esqueça a ideia de demolir os canais do passado. O que você está criando é um novo canal tão profundo, tão poderoso que seus pensamentos automaticamente fluirão por ele.

Leva tempo, claro. Precisei de um mês para ir da infelicidade à mágica. Mas você notará mudanças, alterações em seus sentimentos, lindos acontecimentos em sua vida. Espere por eles. Haverá mais e mais até, um dia, você estar caminhando sob o sol, sentindo-se bem, amando a vida e a vida o amando de volta, e você vai parar e perceber que esse é seu estado natural.

Consegue imaginar uma forma melhor de ser?

2. UMA MEDITAÇÃO

Mesmo que você não faça mais nada, por favor, faça isto.
Vai fazer diferença.

A cada dia, medito por sete minutos. Por que sete minutos?
Porque coloco uma música de que gosto, que é calma
e tranquilizante, piano e flauta, que associo a bons
sentimentos e que por acaso tem sete minutos.

Sento-me com as costas apoiadas na parede, coloco
meus fones de ouvido, ouço a música e visualizo galáxias,
estrelas e o universo lá em cima, imaginando toda a luz do
espaço fluindo para minha cabeça e descendo pelo meu
corpo, indo para o lugar que precisa ir.

Respiro lenta e naturalmente. Ao inspirar, penso: *eu me
amo*. Então, expiro e solto qualquer que seja a reação em
minha mente e meu corpo, caso ela se manifeste. É isso.
Simples.

Inspire: eu me amo.

Expire: solte o que surgir.

Inspire, expire, inspire, expire. Natural. A música flui.

A mente se distrai, é a natureza dela. Cada vez que isso acontece, apenas noto onde estou na respiração. Se estou inspirando, mudo para *eu me amo*. Se estou expirando, mudo para soltar o que quer que esteja em minha mente e meu corpo.

Ocasionalmente, transfiro minha atenção para a luz fluindo de cima. Às vezes, faço isso cada vez que inspiro. Antes que eu perceba, os sete minutos acabaram e a meditação chegou ao fim.

Há algo nisso, o pensamento da luz fluindo para a minha cabeça vinda das galáxias e estrelas. O conceito da luz em si. Assim como o amor, o subconsciente tem uma associação positiva com a luz. As plantas crescem na direção dela. Nós, seres humanos, a desejamos. Achamos o nascer do sol, o pôr do sol e uma lua brilhante belos e tranquilizantes.

Mais uma vez, não há necessidade de criar conscientemente cura ou algo positivo. O subconsciente cuida disso. Só preciso dar a imagem — neste caso, luz —, dar o pensamento — neste caso, amar a mim mesmo. Ele faz o resto.

Esta é uma prática intensa, pois é focada. Mas a sensação é intensa? Não, na verdade, é bem calma. Acho que essa é a verdadeira intensidade emocional, aquela que cria paz, amor e crescimento.

Instruções

Passo 1: Coloque uma música. Algo calmo, suave, de preferência instrumental. Uma melodia que o faça se sentir bem.

Passo 2: Sente-se com as costas apoiadas em uma parede ou janela. Cruze as pernas ou estique-as, o que lhe parecer mais natural.

Passo 3: Feche os olhos. Sorria lentamente. Imagine um feixe de luz vindo de cima entrando em sua cabeça.

Passo 4: Inspire, diga a si mesmo mentalmente: *eu me amo*. Lentamente. Seja gentil consigo mesmo.

Passo 5: Expire e, com isso, solte o que quer que surja. Quaisquer pensamentos, emoções, sentimentos, memórias, medos, esperanças, desejos. Ou nada. Expire. Sem julgamento, sem apego a nada. Seja gentil consigo mesmo.

Passo 6: Repita os passos 4 e 5 até a música acabar.

(Quando sua atenção vagar, note e sorria. Sorria como se fosse uma criança fazendo o que uma criança faz. E com esse sorriso, volte à respiração. Passo 4, passo 5. A mente vaga, note, sorria gentilmente, volte ao passo 4, ao passo 5.)

Passo 7: Quando a música acabar, abra os olhos lentamente. Sorria. Faça de dentro para fora. Esse é o seu momento. Isso é puramente seu.

Por que música? Como eu ouço a mesma melodia toda vez, ela agora age como âncora, me puxando para um estado meditativo. Talvez seja uma muleta, mas é uma boa muleta.

Faça essa meditação consistentemente. Você notará a mágica acontecer.

3. ESPELHO

Tenho um pouco de receio de compartilhar esta prática. As pessoas vão achar que pirei. Mas é poderosa.

Passo 1: Coloque um cronômetro de cinco minutos.

Passo 2: Pare na frente de um espelho, com o nariz a alguns centímetros do seu reflexo. Relaxe. Respire.

Passo 3: Olhe em seus olhos. Às vezes, ajuda focar em um só. Se for o caso, tente o olho esquerdo. Respire lenta e naturalmente, até desenvolver um ritmo.

Passo 4: Olhe nos seus olhos e diga: *eu me amo*. Se você acredita ou não neste momento não é importante. O importante é que você diga isso a si mesmo, olhando em seus olhos, onde não há como fugir da verdade. E, no fim, a verdade é amar a si mesmo.

Passo 5: Repita *eu me amo* gentilmente, pausando de vez em quando para observar seus olhos.

Quando os cinco minutos chegarem ao fim, sorria. Você acaba de comunicar a verdade a si mesmo de uma forma profunda e visceral. De uma forma que a mente não pode escapar.

Se alguém já olhou dentro de seus olhos, sabendo que você os amava, isso é o que eles viram. Dê a si o mesmo presente.

4. UMA PERGUNTA

Era fácil dizer *eu me amo* enquanto estava preso dentro do meu apartamento, me recuperando de uma doença. Foi mais difícil quando voltei ao mundo dos vivos, interagindo com pessoas que têm seus próprios problemas e suas próprias repetições mentais.

Foi daí que surgiu a pergunta. Ao lidar com os outros e reagir às emoções negativas deles com as minhas, me vi levantando a seguinte questão:

Se eu me amasse verdadeira e profundamente, me permitiria passar por isso?

A resposta, sempre, era não.

Funcionou lindamente. Como eu estava trabalhando em uma repetição mental, o passo depois do "não" ficava claro. Em vez de resolver a emoção ou tentar não senti-la, eu voltava à verdade em minha cabeça: *eu me amo, eu me amo, eu me amo.*

Essa pergunta é enganosamente simples em seu poder. Ela desloca seu foco de onde quer que você esteja — seja raiva, dor ou medo, qualquer forma de escuridão — para onde deseja estar. E isso é amor. Sua mente e vida não têm escolha a não ser seguir.

PENSAMENTO

Se somos feitos de átomos e moléculas, e eles por sua vez de partículas menores que são simplesmente espaço e energia, então, o que somos?

Somos nossos pensamentos?

Já pegou sua mente em uma repetição mental, relembrando alguma velha história, uma velha mágoa, o mesmo padrão? Quem é você? O pensamento ou o observador do pensamento?

Se você é o observador, então, o que é o pensamento?

Ou você é um pensamento observando outro pensamento?

Talvez sejamos só tempestades bioquímicas dentro de conexões sinápticas em um cérebro que evoluiu durante milhões de anos. Ou talvez haja um observador, um eu mais profundo. De um modo ou de outro, não há provas.

Para mim, tudo bem não saber. Eu gosto de pensar nisso, mas principalmente para me lembrar de que, no fim, tudo é teoria. Eu me importo com o que funciona. O que cria mágica na minha vida.

Uma coisa eu sei: a mente, sozinha, repete as mesmas histórias, os mesmos ciclos. Em sua maioria, coisas que não nos servem. Então, o que é prático e transformador é escolher um pensamento de forma consciente. Pratique isso várias vezes. Com emoção, com sentimento, com aceitação.

Crie os caminhos sinápticos até a mente começar a percorrê-los automaticamente. Faça isso com intensidade suficiente ao longo do tempo, e a mente não terá escolha. É assim que ela opera. De onde você acha que vêm as repetições originais?

O objetivo, se é que existe um, é praticar até o pensamento que você escolher tornar-se a repetição primária. Até tornar-se o filtro pelo qual você vê a vida. Então, pratique mais.

Parece trabalhoso. Talvez seja. Mas a natureza da mente é o pensamento. Escolha um que o transforme, que dê vigor a sua vida. O que eu achei, *eu me amo*, é o mais poderoso que conheço. Pode ser que você descubra outro. Seja o que for, por favor, faça.

Vale a pena.

MEMÓRIA

A memória não está gravada em pedra. Qualquer neurocientista pode dizer isso. Quanto mais você se lembra de algo, especialmente se há carga emocional, mais reforça os caminhos que conectam os neurônios. Resumidamente, quanto mais você pensa e sente, mais forte se torna a memória.

Aqui está a parte interessante. Não é só o ato de lembrar que fortalece a memória, outro fator é capaz de moldá-la e até promover uma mudança: o estado mental em que você está ao lembrar algo.

As implicações disso são transformadoras.

Pegue uma experiência aleatória, um relacionamento que terminou há anos. Conscientemente, lembre-se dele quando estiver infeliz. Você se verá focando nas partes negativas, que ficarão mais fortes na memória.

Repita a exata experiência, mas quando estiver feliz. Nota a mudança?

Ainda é a mesma experiência, ainda é sua mente. Mas o filtro é diferente. E o filtro modifica o foco, o que sutilmente muda a memória. Mais importante, muda como a memória o faz sentir, o poder que ela tem sobre você.

Há uma solução aqui, uma solução ponderosa.

Se uma memória dolorosa surgir, não lute contra ela nem tente afastá-la — você está em areia movediça. A luta reforça a dor. Em vez disso, busque o amor. Ame a si mesmo. Sinta isso. Se tiver de fingir, tudo bem. Vai acabar virando verdade. Sinta o amor por si mesmo enquanto a memória vai e vem. Isso vai tirar o poder.

E, ainda mais importante, vai mudar as ligações da memória. Faça isso de novo e de novo. Ame. Religue. Ame. Religue. A mente é sua. Você pode fazer o que quiser.

INTERRUPTOR DE LUZ

Richard Bandler, cofundador da Programação Neurolinguística (PNL), tornou-se conhecido no início de sua carreira como alguém capaz de curar esquizofrênicos em questão de horas. Ele começou a ser convidado por médicos e famílias de pacientes para visitar instituições psiquiátricas e trabalhar com os piores casos, aqueles dos quais todo mundo tinha desistido.

Uma de suas histórias favoritas é sobre um executivo que começou a ter alucinações com cobras. Ninguém conseguia convencê-lo de que não estavam lá. Ele foi internado, recebeu tratamento, mas não obteve êxito. Então, foi amarrado à cama — algo não muito animador quando você acredita que as cobras estão subindo em você — no hospital psiquiátrico e rotulado como um dos incuráveis.

Quando Bandler o conheceu, ele estava mal. Para descobrir o que fazer, Bandler saiu para uma caminhada na cidade. Ele precisava fazer aquele homem voltar à realidade. Passou por uma loja de animais de estimação e notou um barril cheio de cobras de borracha na calçada. Entrou e perguntou ao homem atrás do balcão se podia alugar o barril inteiro por algumas horas.

— Estão à venda — disse o vendedor. — Eu não alugo o barril todo.

— Preciso delas — explicou Bandler. — De todas. Mas só por algumas horas.

— Por quê?

— Vou curar a esquizofrenia — falou Bandler.

— Legal — respondeu o homem.

Bandler atribui isso ao fato de que o dono da loja não era médico, portanto, sua mente estava aberta a curas fora do padrão. No fim, ele também tinha algumas cobras bem-treinadas — duas najas e uma píton gigante que amava se enrolar em torno de humanos. Perfeito.

O dono da loja e Bandler voltaram ao hospital com as sacolas cheias de cobras de borracha e três de verdade, foram ao chuveiro em que o paciente costumava se banhar e cobriram o espaço com elas. As cobras vivas, Bandler colocou especialmente perto de onde o paciente estaria. A píton foi posicionada bem acima de onde estaria a cadeira de rodas dele. Ao terminar, analisou seu trabalho.

Lembrou-se de uma cena de *Os caçadores da arca perdida* em que Indiana Jones desce para uma câmara cheia de cobras se contorcendo. O bastante para assustar qualquer um, quanto mais alguém com ofidiofobia exacerbada.

Tenha em mente que Bandler certa vez tinha curado um homem que achava ser Jesus levando três jogadores musculosos de futebol americano vestidos como centuriões romanos e madeira para uma cruz em tamanho real para o quarto do hospital. Então, ele começou a montar a cruz a marteladas, pausando ocasionalmente para olhar o homem enquanto os centuriões o seguravam. Quando estavam prontos para a crucificação, o homem se convenceu de que não era Jesus. Mesmo depois de o drama passar, a cura permaneceu.

O dono das cobras e o médico ficaram parados atrás do vidro que se abria para o chuveiro. Bandler trouxe o homem, amarrado com força em sua cadeira de rodas. No momento em que o homem viu as cobras, começou a gritar:

— Cobras!

Era um som terrível, diz Bandler, das profundezas dele, um som que ecoava por todo o hospital:

— Cobraaaaaaaaas!

Mas ele posicionou o homem bem onde poderia ver as najas à frente e a píton pendurada acima. Então, saiu e fechou a porta atrás de si.

O paciente gritou e gritou. Bandler esperou. Finalmente, ele entrou. O homem o viu, estava prestes a gritar, mas Bandler o cortou.

— Cobras, cobras, sim, eu sei — disse Bandler. — Diga-me quais são reais e quais não são, e eu o levo embora. Senão, vou deixá-lo aí dentro. — Então, virou-se para sair.

— Cobras de borracha — disse o homem, com um meneio de cabeça para o chão. — Cobras da alucinação — ele gesticulou ao redor. Então, com os olhos na píton pendurada alguns metros acima, caindo mais perto: — Cobra de verdade!

Aquilo pegou Bandler desprevenido. O paciente, quando colocado a teste, não só era lúcido o bastante para distinguir o que era real de suas alucinações, mas podia dizer quais eram de borracha — algo que o próprio Bandler tinha dificuldade de saber, dado o quanto eram realistas.

Ele tirou o homem dali e perguntou como ele conseguia distinguir entre o que era alucinação e o que era real.

— Fácil — disse o paciente. — As cobras da alucinação são transparentes.

O homem sabia o tempo todo. A realidade era sólida, as alucinações, transparentes. Mas o medo dele era tão intenso que ele tinha perdido o contato com a realidade. Bandler o ensinou a se concentrar na diferença entre cobras reais e alucinações transparentes e o homem ficou curado. Ele ainda tinha alucinação com cobras ocasionalmente, mas sabia que não eram reais. O poder que tinham sobre ele chegara ao fim.

Lutar contra o medo não funciona. Só nos arrasta para mais perto dele. É preciso focar no que é real. Na verdade. Quando estiver na escuridão, não lute contra ela. Você não vai conseguir vencer. Só ache o interruptor mais próximo e ligue a luz.

James Altucher, em um de seus melhores posts do blog, fala sobre como para os pensamentos negativos com um simples truque mental. "Não é útil", ele diz a si mesmo. É um interruptor, uma espécie de freio, muda o padrão do medo.

No último livro da trilogia de *Jogos vorazes*, um dos principais personagens é torturado pela Capital e suas memórias são alteradas para ele não poder distinguir entre as verdadeiras e as implantadas. Seus amigos criam um simples exercício. Contam a ele memórias que sabem ser verdadeiras e, então, perguntam: "Real ou não real?" Lentamente, ele aprende a distinguir entre real e não real até sua mente se adaptar e ele perceber que as memórias não reais têm certo brilho. E quando está em dúvida, ele volta à prática: real ou não real.

O medo, quando usado adequadamente, é uma ferramenta útil. Ele nos serve bem quando estamos perto de um inferno em chamas ou parados à beira de um precipício. Mas fora isso, ele sequestra a mente. Ao ponto de ser difícil distinguir a mente e nossos pensamentos do medo em si.

Então, essas ferramentas, como interruptores de luz, existem. Quando o medo surgir, lembre-se de que ele é uma cobra de alucinação ou que não é útil, ou que não é real. As três coisas funcionam. Há muitas outras, que nós mesmos podemos criar, se desejarmos. Desde que funcione, é válido.

O segredo é este: na escuridão, tenha um interruptor de luz escolhido à espera. Por exemplo, enquanto escrevo este livro, o medo diz que estou colocando em risco a imagem que as pessoas têm de mim. Mas isso não importa. Meu papel é reconhecê-lo como o que ele é — uma cobra de alucinação, inútil e irreal — e seguir em frente.

ESTOU APAIXONADO

— Você está tão linda — digo.

Ela caminha ao lado de meu amigo, Gabe, segurando a mão dele. O cabelo escuro dela está recém-cortado em camadas. É uma noite fria de fevereiro no Mission District, em São Francisco. Estamos indo comer tacos.

— Estou apaixonada — responde ela.

Pausamos para atravessar a rua.

— É verdade — fala ela —, é por isso. Estou apaixonada.

Ela é bonita de toda forma, mas entendo o que está dizendo. Ela está brilhando. Sorrindo sem parar. Cheia de vida.

Quando chego em casa, antes de entrar, pauso e percebo algo. O amor não precisa necessariamente ser por outra pessoa, precisa? O amor é uma emoção, o amor é um sentimento, o amor é uma forma de ser. Aquele andar saltitante, aquele sorriso, aquela abertura, tudo isso não pode vir simplesmente de amar a nós mesmos?

Esse pensamento me faz parar. É claro. Aqui estamos, achando que é preciso estar apaixonado por outra pessoa para brilhar, sentir-nos livres e gritar dos telhados, mas a pessoa mais importante, o relacionamento mais importante que teremos está nos esperando, desejando ser amado verdadeira e profundamente.

E aqui está a parte interessante. Quando amamos a nós mesmos, brilhamos naturalmente, somos naturalmente belos. E isso atrai os outros a nós. Antes de percebermos, eles estão nos amando, e depende de nós escolher com quem compartilhar nosso amor.

Linda ironia. Apaixone-se por si mesmo. Deixe seu amor se expressar e o mundo vai bater à sua porta para se apaixonar por você.

PERDÃO

Dirijo pela Highway One, de cima para baixo, procurando pelas árvores. A 800 metros sul do farol em Pescadero, vejo a cerca familiar separando a pradaria da estrada.

Paro no acostamento e desligo o carro. O motor lentamente fica em silêncio. Então, pego minha mochila, pulo a cerca e caminho na direção das árvores. A brisa balança os arbustos enquanto caminho. Na extremidade, está o Pacífico. O grande céu azul de verão acima.

Descobri essa pradaria quando me mudei para a Califórnia. Eu entrava no carro e só dirigia, impressionado com a intensa beleza do noroeste do Pacífico. Não há nada igual no mundo.

Anos atrás, trouxe uma namorada aqui. Quando chegamos às árvores, arranquei um pedaço de papel do meu caderno e entreguei uma caneta a ela.

— Você precisa se perdoar — falei.

Ela ainda carregava a culpa por seu divórcio. Já estava na hora de superar.

— Escreva o que você está usando contra si mesma — falei.
— Tudo. Depois, perdoe-se. Escreva isso também. Quando

terminar, você vai jogar este papel no oceano. Isso vai libertá-la.

Ela ficou em silêncio por um longo tempo. Acho que talvez tenha chorado um pouco.

— Você também precisa se perdoar — disse ela. — Por não ter feito faculdade de medicina.

Uma coisa incrível sobre as mulheres é a sabedoria delas. Ela tinha razão. Eu tinha escolhido startups em vez de uma carreira na medicina e, não importava a história que contasse a mim mesmo, era uma escolha egoísta. Priorizei o dinheiro em vez de fazer algo que era importante para mim. Uma escolha com a qual eu não tinha feito as pazes.

Então, nós dois trabalhamos em nossas cartas e depois caminhamos até as ondas, amassamos os papéis e os jogamos no oceano. E sabe de uma coisa? Funcionou. Algo dentro de mim se libertou e nunca mais olhei para trás. Os arrependimentos sobre desistir da faculdade de medicina foram embora. Sozinhos. Um exercício tão simples.

Aqui estou na pradaria, de novo, desta vez, sozinho. Só sobraram duas árvores balançando ao vento. A terceira está atravessada na grama, o longo tronco há muito queimado. Um raio, talvez. Um tronco mais curto está a alguns metros, esbranquiçado pelo vento e a chuva.

Subo nele e olho para o oceano. É início de tarde. O sol é grande e está alto. A água embaixo dele, até o horizonte, brilha um caminho dourado.

Tiro meu caderno da mochila, arranco um pedaço de papel e escrevo. Data de hoje. Pelo que estou me culpando. Por fazer tudo errado mesmo quando eu tinha conhecimento para evitar isso. Por fechar meu coração. Por sofrer mais do que o necessário. Pelos erros. Por tudo.

Depois de fazer isso, escrevo que me perdoo. Por tudo. E, naquele momento de perdão, escrevo que estou limpo e puro. Porque estou.

Esse é o primeiro passo. Há mais dois. A vida me ensinou isso no período entre a época em que descobri essa pradaria e hoje.

Caminho até a praia, sento-me em uma pedra e observo as ondas. Elas quebram e enrugam na orla de pedrinhas. Levanto a carta ao céu e leio em voz alta. Tudo o que uso contra mim mesmo. Todo o perdão.

Repito isso até não ser mais necessário. Então, estico a mão e pego uma pedra grande atrás de mim. Quando a vejo, sorrio. Tem formato de coração. Ah, vida, você tem mesmo senso de humor.

Dobro o papel bem apertado em torno da pedra de coração e olho as ondas de novo. É um momento sagrado. De entregar tudo o que usei contra mim mesmo a algo maior. Para que aconteça o que for. Para que leve isso de mim e eu possa me descarregar. Para que eu possa viver a vida que devo viver. Afinal, são as coisas que usamos contra nós mesmos que nos pesam mais que tudo.

Quando parece ser a hora certa, jogo a pedra bem alto, formando um arco até a água. Ela cai com um *plop* rápido e desaparece. As ondas a engolem. Simples assim. Observo por um tempo, perguntando-me se a água vai devolvê-la para mim. Não devolve.

Caminho de volta à pradaria, sento-me novamente no tronco e pego o meu caderno. Desta vez, escrevo uma carta diferente a mim mesmo. Curta e direta:

> *Querido Kamal,*
> *Juro amá-lo total e completa e profundamente*
> *de todas as formas, em todos os pensamentos,*
> *em todas as ações, em todos os meus desejos*
> *e com todo o meu ser. Juro amá-lo, Kamal.*

Assino e dato.

Coloco o caderno no tronco e olho para o sol. Ele desceu até a metade do céu. O vento atravessa a grama alta e marrom. Está esfriando. Ponho minha jaqueta e absorvo tudo.

Então, de volta ao meu caderno, leio em voz alta. Meu juramento a mim mesmo. De um lugar limpo e puro. Esse é meu ponto de partida. Parece lindo. Parece, bem... parece certo.

É assim que você sabe que acertou o ponto. Quando parece certo. Ninguém pode ensinar isso, você só tem de fazê-lo. E quanto mais faz, mais desenvolve uma confiança nesse sentimento, mais o ouve, mais o vive. E isso transforma sua vida.

ESCOLHA

Se há uma coisa na vida em que eu fui excelente foi em criar obstáculos para mim mesmo. Se um dia tivesse uma Olimpíada para isso, juro que ganharia a medalha de ouro. Era como se, assim que as coisas começavam a ir bem, eu achasse um jeito de criar o maior obstáculo que conseguisse encontrar e cair de cara.

O padrão servia para me manter infeliz, para definitivamente não ter pensamentos amorosos sobre mim mesmo. Toda vez eu me dizia que tinha aprendido minha lição. Eu levantava, sacodia a poeira, começava a correr, ganhava velocidade, a vida estava indo bem — bem demais, então, é claro, os velhos padrões ficavam sedutores e, bom, *plaft*.

Vocês entenderam...

Não sei por que eu fazia isso. Talvez problemas de infância. Talvez problemas de adulto. Imagino que saber as razões ajude, mas, no fim, a única coisa que importa é a vida que vivo. Os resultados.

Aqui está uma coisa que aconteceu quando comecei a me amar: notei meus padrões. Eu não tinha ideia de que fazia isso, simplesmente achava que aquilo era minha vida.

Eles não desapareceram imediatamente. Mas fiquei consciente deles. E esse foi o começo. Depois, cada vez que eu atrapalhava a mim mesmo, já não era inconsciente. Era uma escolha. E, no fim, fiquei cansado dessas escolhas.

Essa é a questão sobre se amar, você começa a tolerar menos o que não lhe serve — especialmente de si mesmo. Isso por si só muda sua vida.

Aqui está o que aprendi sobre hábitos e padrões que não nos servem: há um momento de decisão em que dois caminhos se estendem à frente. Uma escolha chama o velho, o familiar. A outra, o desconhecido. A mágica está no desconhecido.

Fazer a pergunta certa é a ferramenta mais poderosa que achei na escolha do caminho para a mágica. Naquele momento em que estou prestes a repetir um velho padrão, cometer um erro familiar e confortável, pauso, respiro fundo, deixo a luz entrar e me pergunto:

Se eu me amasse verdadeira e profundamente, o que eu faria?

Às vezes, ajuda expandir a pergunta para todos os níveis de sentimentalidade que consigo reunir:

Se eu me amasse verdadeira e profundamente, de todo o meu coração, querendo apenas o melhor para mim, querendo e merecendo uma vida mágica e linda, eu faria isso?

Assim, a escolha é minha.

São momentos assim que definem minha vida. Que definem meu destino. E atualmente, quase sempre, escolho uma vida de amor. Uma vida de mágica.

CANAL

Um amigo sobreviveu a algumas das batalhas mais duras enfrentadas pelas tropas norte-americanas na última década. Ele e sua esposa vivem a vida intensamente. Ele me disse que vive assim porque os amigos que perdeu iriam querer que ele o fizesse. Ele vive porque deve isso à memória deles.

Nós perdemos um amigo em comum recentemente — um ex-fuzileiro naval que não conseguia desapegar do que trouxe da guerra. Bem-sucedido, humilde, trabalhador. Mas os fantasmas do passado o perseguiam.

Já passei por isso — a ideia de deixar a vida era uma doce tentação. Simplesmente acabar com tudo. Cheguei mais perto disso do que fico confortável em admitir. Por sorte, também estive do outro lado, então, isso me dá perspectiva.

Às vezes, me pergunto se os pensamentos sobre acabar com a própria vida são como um vício. É um sentimento tão primitivo — ser ou não ser — que, quando você sente aquele primeiro gosto, nunca mais fica completamente livre.

Você pode deixar isso para trás, sim. Mas, como com um vício, se estiver em um momento ruim e se sentindo enfraquecido, a tentação pode surgir de novo.

Então, qual é a solução? Criar um novo canal que o transforme de dentro para fora. Que crie mágica na sua vida. De modo que se você estiver enfraquecido e velhos canais ressurgirem, o novo seja tão profundo e poderoso que você enxergue através das cobras de alucinação.

Resumindo, deixe que a luz entre e tire-o da escuridão. E, mais importante, se os velhos canais voltarem, busque ajuda. De qualquer um e de todos. Alguém que se ama deixa o ego de lado e pede ajuda. Porque merece.

MÁGICA

Termino meu treino na academia, saio e sento em um muro na entrada. Uma noite de verão em São Francisco. Uma névoa ventilada e fresca paira sobre o centro da cidade. Deliciosa.

Eu amo minha vida, me pego pensando. *Eu amo minha vida, eu amo minha vida, eu amo minha vida.* O pensamento flui tão naturalmente quanto o vento. Observo as silhuetas dos prédios — as pessoas perguntam por que deixo meu cabelo longo cair na frente dos olhos... É por momentos como esse, quando observo o mundo através de fios prateados — *eu amo minha vida, eu amo minha vida.*

As nuvens se movem acima, o pensamento muda: *eu me amo, eu me amo, eu me amo, eu me amo.* Estou sorrindo, depois, rindo. Tudo o que sou, minhas esperanças, meus sonhos, desejos, minhas culpas, forças, tudo — *Eu. Me. Amo.*

Se você conseguir chegar a esse ponto, mesmo que por um breve momento, vai se transformar — prometo.

O segredo, pelo menos para mim, foi abrir mão. Abrir mão do ego, dos apegos, de quem acho que devia ser, de quem os outros acham que eu devia ser. E conforme faço isso, o verdadeiro eu emerge, muito, muito melhor do que o Kamal que projetei para o mundo. Há uma força nessa vulnerabilidade que não pode ser descrita, apenas experimentada.

Consigo ser assim em todos os momentos? Não. Mas com certeza estou trabalhando para isso.

Há milhares de anos, um poeta romano escreveu: "Sou humano, e nada que é humano me é estranho." Acredito que isso seja verdade. Então, se algo é possível para um ser humano, é possível para qualquer um. O caminho pode ser diferente, mas o destino é o mesmo.

O segredo é estar aberto para amar a si mesmo. Quando se faz isso, a vida casualmente cuida dos passos seguintes.

Continue aberto à possibilidade e você experimentará a beleza de observar o mundo em torno de si dançar sua dança enquanto, dentro, você aceita esse ser humano maravilhosamente incrível que você é. O sentimento é, por falta de uma palavra melhor, mágico.

ENTREGA

Uma vez, perguntei a um monge como ele achava a paz.

— Eu digo sim — ele falou. — A tudo o que acontece, eu digo sim.

Antes de eu ficar doente, a última coisa que minha mente ocidental queria era dizer "sim". Eu era obcecado pelo meu negócio, com ambição de vendê-lo e ganhar dinheiro suficiente para nunca mais trabalhar. Seria possível argumentar que a obsessão alimenta a inovação em nossa sociedade. Talvez isso seja verdade. Mas, muitas vezes, por trás da obsessão há medo.

E havia muito medo. Medo do que as pessoas iam pensar. Medo de decepcionar funcionários e investidores. Medo de fracassar e do que isso poderia dizer sobre mim. Eu usava o medo como energia, me impelindo para a frente, pressionando para conquistar, pressionando para ter sucesso, não prestando atenção ao meu corpo, ao presente, e paguei o preço.

Muitas vezes, o preço de não estar presente é a dor.

Hoje, entendo o que o monge quis dizer. Há uma entrega ao que se é, ao momento. Sempre que noto medo em minha mente, em vez de afastá-lo ou usá-lo como combustível, digo a mim mesmo: *está tudo bem.* Um sim gentil a mim mesmo. Ao momento, ao que a mente está sentindo.

Geralmente é o bastante para desinflar o medo. Dali, mudo para a verdade de amar a mim mesmo.

Sabendo disso, percebo que ainda podia ter construído uma grande empresa, tido um lindo relacionamento, cuidado de minha saúde e falado com minha amiga antes de ela morrer, dizendo o quanto a amava. Eu podia ter feito tudo isso a partir de um lugar de gentileza, um lugar de amor-próprio.

Mas não posso apagar o passado, apenas aprender com ele. Está tudo bem. Aplicar o que sei torna o presente e o futuro lugares lindos para estar.

RELAXADO

Enquanto escrevo isto, provavelmente estou o pior que estive há algum tempo. As coisas estão simplesmente... mais ou menos. Não tão ruins como quando comecei, mas a vida não está vibrando. A verdade é que, quando a vida funciona por um tempo, você se acostuma e acha que vai ficar assim. Experiência própria. Quando as coisas estão péssimas, quando você está afundando, parece que elas vão ser horríveis para sempre. Não dá para imaginar uma saída. Quando as coisas estão ótimas, você vive como se fosse durar para sempre.

Então, pergunto-me: se eu olhar mais fundo, por que estou triste, por que minha vida não é uma expressão de, bem, grandiosidade? Quando você já a experimentou e sabe que é possível atingi-la, devia fazer tudo ao seu alcance para mantê-la assim. É bom demais.

A resposta é que sou preguiçoso. Quando eu estava doente, foquei minha mente com uma intensidade desesperada. Mas, conforme a vida ficou boa, depois ótima, comecei a relaxar. Deixar a mente voltar a seus engenhos naturais. Passei dias, depois semanas, sem meditar. Amar a mim mesmo virou algo que eu tomava como certo, mas em que não trabalhava.

Agora, estou no ponto em que, quando repito a frase "eu me amo", parece estranho. Vejo-me buscando uma palavra menos poderosa. Uma que pareça certa.

Mas se o amor não é certo, nada mais será.

A ironia é que fui eu quem compartilhei essa verdade com amigos. "Amem a si mesmos", eu disse a eles, "vejam o que isso fez por mim. Funciona, realmente funciona". Tudo verdade. Mas quem quer aceitar conselho financeiro de um homem que mal está se virando?

Então, eu me pergunto: *se eu me amasse verdadeira e profundamente, o que faria?* Eu amo essa pergunta. Não há ameaça nem resposta certa ou errada, só um convite à minha verdade neste momento presente.

A resposta é simples: eu me comprometeria com a prática. E também compartilharia a próxima coisa que aprendi, que é: não se permita relaxar quando as coisas estão ótimas. É fácil desejar saúde quando se está doente. Quando se está bem, é preciso a mesma vigilância.

Honestamente, isso me assusta um pouco. Vindo do fundo do poço, é ótimo quando a vida está nos trilhos. Mas se a vida está funcionando e você faz a prática, quão alto a vida pode chegar? Consigo lidar com isso? Caramba, será que mereço?

É um bom truque da mente inquieta. Então, volto à pergunta: *se eu me amasse profunda e verdadeiramente, o que faria?* A resposta vem fácil: eu voaria. Voaria o mais alto que pudesse. Depois, voaria ainda mais alto.

Agora, se me dá licença, vou meditar.

CRENÇA

Um efeito colateral de me amar ferozmente foi que isso começou a desalojar crenças antigas que eu não sabia que existiam. Tomando café com um amigo ou lendo um livro, eu tinha flashes de epifanias sobre mim mesmo. Eram muito claros. Era como se minha vida fosse um baralho de cartas, cada uma com a imagem de uma situação que eu tinha passado, todas caindo em cima de mim, *flip, flip, flip,* e o único pensamento era: *meu Deus, tudo faz sentido.*

Posso citar um exemplo. Eu sempre soube que crescimento é importante para mim. Se não sinto que estou crescendo, me sinto vagando por aí, deprimido. Mas o que não conhecia até a prática do amor-próprio me mostrar era minha crença sobre crescimento: o crescimento verdadeiro vem em situações intensas, difíceis e desafiadoras.

Consegue ver como isso definiria o caminho da minha vida?

Ficou imediatamente óbvio de onde vinha isso. A primeira vez que senti que cresci de forma a não ser mais o mesmo: campo de treinamento da Infantaria do Exército dos Estados Unidos. Foi intenso? Sim. Foi difícil? Sim. Foi desafiador? Todos os dias. Foi feliz ou alegre? De forma alguma. Séculos de protocolo militar pensado para ser um sofrimento. Mas é algo que sempre vi como uma experiência marcante da qual tenho orgulho. Entrei como um jovem inseguro de 18 anos. Saí sabendo que conseguia lidar com qualquer coisa que aparecesse. Isso era crescimento.

Aquilo em que acreditamos é aquilo que buscamos, é o filtro através do qual vemos nossa vida. Eu me joguei ativamente em situações intensas e difíceis. Todas essas situações me fizeram crescer, mas a que preço?

Outro exemplo. Enquanto construía minha empresa, eu era conhecido como alguém decidido a ter sucesso. Muitos me diziam isso. Eu achava isso também, até começar a me amar. Então, um dia, acordei com uma luz em cima dessa crença, exceto que a verdade era uma pequena reviravolta: eu estava decidido a não fracassar.

Isso faz uma diferença enorme. Não é de surpreender que tenha acontecido o que aconteceu com minha empresa. O trabalho intenso e consistente de continuar seguindo em frente, a um passo do desastre, sempre de alguma forma conseguindo me safar, depois continuando para evitar o próximo desastre. Nunca fracassando, mas nunca decolando da forma como eu sabia que devia.

A boa notícia é que, quando a luz brilha dentro de você, não há como voltar atrás. Os padrões da mente que o seguravam caem sozinhos. Como uma antiga armadura enferrujada de que você não precisa mais. Com cada epifania, há liberdade, uma sensação de leveza. E crescimento.

OXIGÊNIO

Depois de eu dar aquela palestra no Fim de Semana da Renascença, uma pessoa me disse:

— Você precisa amar os outros primeiro.

Respeitosamente, discordo. É como o que dizem durante as instruções de segurança de um voo: em caso de emergência, se as máscaras de oxigênio caírem do teto, coloque a sua antes de ajudar alguém.

Quando comecei a me amar, coisas dentro de mim mudaram. O medo fortalece o ego. O amor o suaviza. Tornei-me mais aberto, vulnerável. Era natural ser gentil com os outros, mesmo quando eles não eram comigo. E quando isso não era fácil, eu tinha os recursos — a repetição, a meditação, a pergunta — para voltar ao amor-próprio.

Há um poder nisso. Em vez de reagir às situações, me vi escolhendo como eu queria ser. Isso, por sua vez, criou situações melhores e, no fim, uma vida muito melhor.

ONDE QUERO ESTAR

Deitado de costas em um morro, com a grama fazendo cócegas de leve em meu pescoço. Um lindo dia de sol, céu azul. Nuvens voavam lá em cima. Cada uma, um pensamento. Observo, conhecendo-as pelo que são. Em vez de atribuir minha experiência do presente a elas, escolho em quais quero focar. Ou não focar. Sempre é minha escolha.

Os pensamentos vêm. Vagando, se revirando, tomando formas. É a natureza deles. Escolho um para o momento e então o deixo ir, sem nunca me apegar. Simplesmente experimentando o que escolho. Tudo pelo filtro do amor. É isso.

FIM

Acho que, em vez de ler um monte de livros de autoajuda, ir a vários seminários, ouvir a pregadores diversos, devíamos escolher apenas uma coisa. Algo que nos pareça verdadeiro. E então, praticar intensamente.

Aposte nisso e vá com tudo. É aí que a mágica acontece. É onde a vida supera nossas expectativas.

Descobri em que apostar. Veio de um lugar de angústia, um lugar de "chega". Mas não tem de ser assim. Pode vir de um amigo, um livro, um amante. Pode vir da alegria.

Se outra coisa lhe parecer verdadeira, então a faça. Realmente não acho que os detalhes importam. O que importa é a prática, o compromisso de viver sua verdade.

Os resultados valem a pena. Desejo isso para você.

PARTE II

O MANUAL

MINHA INTENÇÃO

Quando escrevi a Parte I, *O juramento*, minha intenção estava clara: independentemente das objeções que você tivesse ao começar a ler, quando terminasse, estaria convencido o bastante para tentar amar a si mesmo.

A razão era simples: eu tinha experimentado a mágica que amar a mim mesmo me deu. Eu a tinha visto em outros com quem compartilhei a prática. Então, sabia que, se você aplicasse o que eu tinha feito, também a vivenciaria.

E uma vez tendo experimentado a mágica que resulta de amar a si mesmo, algo dentro de você se transforma. Você pode relaxar, pode desistir, mas nunca pode mentir para si mesmo sobre o que é possível.

A Parte II, *O manual*, é resultado de responder a milhares de e-mails de leitores. Aprendi com eles que, embora a Parte I tivesse sido bem-sucedida, não era suficiente. Havia duas questões-chave que eu ainda tinha que abordar.

A primeira: *Como posso aplicar isso facilmente à minha vida?* A segunda: *Como faço isso durar?*

Minha intenção é resolver esses fios soltos. Como resultado, quero lhe dar um manual definitivo para amar a si mesmo. Um que seja fácil, eficaz e duradouro.

Então, aqui está um guia passo a passo para amar a si mesmo. Ele aprofunda a prática original. Depois, adiciona o que aprendi durante os anos para torná-la mais impactante. Quando você terminar, vai entender que amar a si mesmo é não só possível, mas estupidamente simples.

E mais importante, você saberá exatamente como fazer isso.

PULE

Não sei o que o trouxe a este livro ou onde você está na vida. Mas isto, eu sei: sempre podemos ser melhores; sempre podemos começar de novo. Não há momento perfeito para isso. Não exige nenhuma preparação ou estado mental específico. Só há o compromisso com o presente.

É como estar parado na beira de um precipício acima do oceano. Você pode fazer quantas respirações profundas quiser, mas, no fim, tem que pular.

Vamos fazer da seguinte forma:

Primeiro, escavaremos a fundação. Você vai se perdoar e fazer seu juramento. Esses atos são uma declaração à própria vida. Eles mudam tudo.

Então, você mergulhará na prática — repetição mental, meditação, espelho, pergunta — e aprenderá as nuances de cada passo. Aprenderá como aplicar a prática a sua vida e como fazê-la durar. Isso cimentará a fundação.

Por fim, vamos construir sobre a fundação. Como amar a si mesmo se aplica a seu passado, presente e futuro; como é possível usar isso para dar amor a outra pessoa; o que fazer se estiver sofrendo; e como usar seu amor para se conectar com algo maior do que você. Vamos terminar com conselhos práticos sobre como viver esse estilo de vida.

Vou guiá-lo e, quando for útil, detalhar exatamente o que fazer. Tudo será baseado na minha experiência. E, como nós dois somos humanos, o que funcionou para mim vai funcionar para você.

Tenho uma sugestão: não fique preso nos detalhes. Se estiver confuso, lembre-se de que é sua intenção que importa. E a única intenção de que você precisa aqui é o amor puro e focado por si mesmo.

Pronto? Vamos pular...

PRIMEIRO, PERDOE-SE

Antes de entrar no futuro, você precisa soltar as algemas do passado.

Não entendo por que trabalhamos tanto para perdoar os outros sem perdoar os únicos que têm poder sobre nós — nós mesmos. Toda liberdade começa de dentro. Mesmo que você queira perdoar os outros, precisa primeiro perdoar a si mesmo. Só os livres podem libertar os outros.

Levei um tempo para entender isso. Mas, quando apliquei, adicionou um nível de amor por mim mesmo que eu não tinha experimentado antes. É fácil e absolutamente libertador.

Imagine abrir mão do que você usa contra si mesmo. É o que esta prática faz. E ela conduz você perfeitamente ao juramento de amar a si mesmo.

TENTE ISTO:
PERDOE-SE

Passo 1: Vá a algum lugar em que não será interrompido. Quanto menos distrações enquanto você estiver realizando qualquer uma das práticas deste manual, melhor. Meu lugar favorito para isso é na natureza. No mínimo, escolha um ambiente que o faça sentir-se bem.

Passo 2: Quando estiver pronto, escreva tudo o que tem usado contra si mesmo. Cada coisinha. Por favor, não esconda nada. Esta é sua cura. É sagrada Sinta completamente qualquer emoção que surja e deixe passar. Você vale a mágica que experimentará depois.

Passo 3: Quando suas emoções passarem, lembre-se de que é um ser humano. Portanto, é de sua natureza cometer erros. É o contrato de existir neste planeta. Fique com isso por um momento.

Passo 4: Escreva que se perdoa. Leia tudo em voz alta. De novo, e de novo, e de novo até sentir algo mudar em seu interior.

Você pode precisar escrever várias vezes para sentir a mudança. Se for o caso, escreva, leia em voz alta e repita até estar pronto a desapegar. Lembre-se de que você vale isso.

Passo 5: Pegue o papel em que escreveu e o destrua.

Você pode rasgar. Pode jogar no oceano, no lago ou no rio. Pode jogar no lixo ou colocar fogo, ou dar descarga. Você pode colocar em um foguete e lançar no espaço sideral.

Realmente, não importa como você vai destruí-lo. Está jogando fora tudo o que tem contra si. O próprio ato é simbólico. É a pureza da intenção que importa.

Deixe essa ação levar o papel — e tudo o que ele representa — para longe de você. Deixe a vida levá-lo de você. Deixe o amor levá-lo de você. Deixe ir. Você está perdoado pela única pessoa de quem mais precisa — você.

SEGUNDO, SEU JURAMENTO

Quando escrevi pela primeira vez o juramento de amar a mim mesmo, eu estava desesperado. Eu precisava me salvar. Lembro-me de como segurei com força aquela caneta, como ela rasgou o papel e chegou até a mesa de madeira.

Quando terminei, pousei a caneta e olhei para o meu diário. O que eu tinha feito?

À minha frente, em minha letra em tinta preta, estava um juramento. E um juramento é um compromisso total. Um ato sagrado consigo mesmo. Não havia como fugir disso.

Eu não sabia como me amar, mas, por causa do juramento, tinha de descobrir. Então, escondido em meu quarto, dia após dia e noite após noite, trabalhei em mim mesmo até descobrir.

Isso transformou um homem que estava afundado no fracasso e no ódio a si mesmo em um homem que estava se amando, amando a vida e experimentando a mágica de formas que ele nunca soube que existiam. E anos mais tarde, continuam existindo. Ainda mais.

Esse é o poder de um juramento. Ele muda tudo.

Você entra com tudo. Não há como voltar atrás. Nada de tentar ou querer ou desejar. Você está realizando. Se tropeçar e cair, você levanta, sacode a poeira e continua. E só há um caminho — em frente.

Olhando para trás, ainda estou surpreso por de fato ter conseguido descobrir como amar a mim mesmo. Mas isso não me surpreende mais. Aprendi que, quando você faz um compromisso verdadeiro consigo mesmo, as coisas começam a mudar. Por dentro e por fora. Você consegue sentir a vida ondulando ao seu redor.

E, por favor, confie em mim — só porque eu estava no fundo do poço, não quer dizer que você precisa estar. Cada momento em nossa vida é uma oportunidade para se comprometer. Não importa em que ponto estamos, não importa quão boas ou ruins as coisas pareçam, este momento é o momento perfeito para assumir sua posição. Para dizer *chega* ao que não nos serve e um *sim* de corpo e alma para o que serve.

É realmente simples assim. Eu juro.

Usei compromissos para transformar minha saúde, minha forma física, minhas finanças, meus relacionamentos. E, é claro, o compromisso que mudou tudo — amar a mim mesmo. Eu o faço de novo e de novo.

A vida é mais expansiva do que nossa mente humana é capaz de compreender. Quem somos se espalha de maneiras maiores do que nós. Então, quando nos tornamos melhores, aqueles ao nosso redor melhoram também. Depois, aqueles que estão ao redor deles. E assim por diante. Os resultados de nossos compromissos são muito maiores do que o impacto original.

Por exemplo, o juramento de amar a mim mesmo transformou minha vida. Mas não parou por aí. Quando compartilhei a prática com amigos, a vida deles ficou melhor. Por sua vez, eles me convenceram a escrever. Por causa desse juramento, você está aqui, lendo minha verdade.

Não podemos prever a mágica que resulta de nossos compromissos. É algo maior que nós. Só temos de confiar. E vai acontecer todas as vezes.

Aqui está um efeito colateral de fazer e manter compromissos consigo: sua autoconfiança dispara. Você caminha pela vida de forma diferente. Essa é a melhor forma que tenho para descrever.

Coisas que antes temia se tornam possíveis porque você sabe que só precisa de um compromisso consigo mesmo, ir com tudo e, no processo, descobrirá o caminho e irá mais longe do que achava possível. Você naturalmente desenvolve um respeito saudável pela pessoa que se tornou.

Se pararmos para pensar, é uma maneira fantástica de amar a nós mesmos.

TENTE ISTO:
FAÇA SEU JURAMENTO

Faça isso imediatamente após se perdoar. Você acaba de deixar o passado para trás. Não há momento melhor para entrar no futuro.

Passo 1: Sente-se em algum lugar tranquilo com um pedaço de papel e uma caneta. Há algo poderoso em escrever um juramento à mão, vendo as palavras fluírem pela caneta, sentindo a página. Tentei fazer isso em um computador e em um telefone, mas não experimentei o mesmo poder.

Passo 2: Escreva o juramento de amar a si mesmo verdadeira e profundamente de todas as formas que puder. Torne-o tão poderoso que o assuste um pouco. Se quiser, use o meu como guia.

Pode ser tão curto ou longo quanto você quiser. O importante é que inspire algo dentro de você.

Passo 3: Se você sentir a necessidade de editar seu juramento, reescreva o texto todo. Sinta o poder do juramento completo. Quanto mais energia você colocar nisso, mais vai receber.

Passo 4: Leia o juramento em voz alta. De novo e de novo até senti-lo vibrando dentro de si.

Passo 5: Coloque esse papel em algum lugar em que o veja diariamente, de preferência várias vezes por dia. No meu caso, é um diário em minha escrivaninha. Mas, na verdade, não importa onde. Você sabe o lugar certo para você.

Também pode carregar uma foto dele como lembrete. Mas, se sua vida permitir, volte a esse lugar com o juramento todos os dias. Depois de um tempo, você notará sua mente caindo no poder do juramento de forma natural — e os resultados — sempre que voltar àquele papel. É um registro físico de seu compromisso consigo mesmo. Seu subconsciente o reconhecerá.

Passo 6: Leia-o diariamente. No mínimo, duas vezes — uma no início do dia, uma no fim. Quanto mais frequentemente fizer isso, mais profundo o canal.

Você pode lê-lo em voz alta ou mentalmente. Mas a cada vez faça-se sentir o poder de seu juramento. Imagine como você seria caso se amasse verdadeira e incondicionalmente. Imagine como sua vida seria. Sinta isso. Essa parte de imaginar e sentir é importante. Não pule.

Se fizer isso de novo no futuro — e espero que faça —, escreva um novo juramento do zero. Seu juramento deve refletir quem você é no momento exato da vida em que escreve. Vai ter mais impacto dessa maneira.

DEZ RESPIRAÇÕES

Antes de mergulharmos na prática em si, quero compartilhar uma coisa que a tornou sustentável. Você talvez ria com a simplicidade. E essa simplicidade é exatamente o que funciona.

Durante o dia, pauso o que estiver fazendo e faço dez respirações. É isso.

Mas não são respirações comuns. São profundas, lentas e com propósito: uma mudança completa de meus pensamentos para um foco puro em amar a mim mesmo.

Quando inspiro, digo a mim mesmo: *eu me amo*. Sinto a luz entrar de cima, fazendo o que ela faz. Quando expiro, deixo a luz remover o que quer que precise ir. Sem controle, sem forçar, só permitindo. Uma espécie de entrega.

Originalmente, criei isso para superar minha preguiça. Não importava o quanto as coisas estivessem boas, uma hora, eu começava a relaxar. Precisava criar um processo que fosse tão fácil que não houvesse forma de eu não fazer. E, assim, deu certo.

Lembre-se: se você quer mágica total, vá com tudo. Foque em amar a si mesmo a cada respiração consciente. Então, você não desviará desse objetivo. Só mantém o impulso caso fique preguiçoso. E é tão eficiente que você não tem desculpa para deixar de fazer.

Se um dia me vir na academia, vai notar que eu caminho até o espelho depois de um treino e me olho nos olhos por alguns momentos, depois sorrio. Você acabou de me ver fazendo o espelho de dez respirações.

Ou, em frente ao meu prédio, você me verá pausar, olhar para o céu por um tempo e depois entrar. Acabei de fazer a repetição mental de dez respirações.

Meu dia é cheio desses momentos. E por que não? Eles são bons, aprofundam o canal de amar a mim mesmo e criam mágica em minha vida. E o mais importante: posso fazê-los em qualquer lugar e a qualquer momento.

Conforme passarmos pelas práticas ao longo deste manual, vamos incluir as dez respirações para você aprender como fazê-las. Isso deve dar-lhe ideias de como adicioná-las a sua vida.

TERCEIRO, PRATIQUE

Minha primeira experiência profissional foi com pesquisa clínica. Eu tinha acabado de sair da faculdade e coletava dados em departamentos de emergência, esperando que aquilo me ajudasse a entrar na faculdade de medicina.

Coisas da vida: eu me apaixonei pela escrita. Depois, descobri as startups, e a faculdade de medicina nunca aconteceu. Mas a experiência deixou sua marca. De algumas formas, levou à prática.

Depois de fazer o juramento, eu não tinha ideia de como amar a mim mesmo. Quem entre nós teve esse treinamento? Então, comecei a testar toda e qualquer ideia que surgisse em minha cabeça. Testei cada coisa estúpida que conseguia imaginar. Não ligava se parecesse tolo ou simples demais. Só me importava com uma coisa: que funcionasse.

Basicamente, eu estava fazendo experimentos clínicos na minha cabeça. O tamanho da amostra era a única pessoa que eu tinha de salvar — eu mesmo.

Era assim que eu descobria que algo funcionava: quando me deslocava do sofrimento em que eu estava. Se acontecesse isso, eu fazia mais, ia mais fundo. Se parasse de funcionar ou ficasse mais fraco, eu jogava fora. Eu não tinha apego a nada exceto aos resultados.

No fim, sobraram quatro coisas:

- A repetição mental.
- A meditação.
- O espelho.
- A pergunta.

Se eu pudesse traçar uma linha do tempo, a repetição mental vem primeiro. Depois, a meditação. Aí, o espelho. A pergunta veio quando eu estava lidando com pessoas e seus dramas. Cada um funcionava do seu próprio jeito.

Você pode ficar tentado a seguir apenas uma dessas práticas. Não caia nessa armadilha. Embora cada uma seja poderosa, una-as e seus efeitos se multiplicam. Foi o conjunto que criou a mágica em minha vida.

Além disso, você acaba de fazer um juramento a si mesmo. Ir com tudo é o que você deve a si mesmo.

A PRÁTICA:
I. REPETIÇÃO MENTAL

Após escrever o juramento e testar qualquer coisa que pudesse funcionar, notei que, enquanto repetia *eu me amo*, havia breves momentos em que eu me fazia realmente acreditar.

No início, parecia que eu estava enganando minha mente. Era normal me odiar, ser infeliz, então, essa explosão de sentimento de amor-próprio, mesmo que por um ou dois segundos, parecia, bem... parecia estranha.

Mas havia algo ali. Algo especial. No fundo, eu sabia.

Quanto mais eu sentia aquilo, mais rápido meu estado mental mudava. Então, conscientemente, adicionei sentimento à repetição mental. Na verdade, me obriguei a sentir amor por mim mesmo. Essa foi a nuance que me levou além.

Quanto mais eu fazia isso, melhor ficava. Melhor a vida ficava. É como se os pensamentos e sentimentos combinados criassem transformações em um nível mais alto que só os pensamentos.

Após um tempo, ficou mais fácil. O canal estava se aprofundando. Ainda me lembro de quando percebi o sentimento surgindo de forma espontânea. Eu estava em frente ao meu prédio, olhando para o céu, e ele me veio muito forte — esse sentimento de amar a mim mesmo. Tão natural. Tão real.

Tive de capturar o momento. Talvez para me lembrar de que tinha acontecido de fato. Ainda não acreditava que essa era minha realidade e tinha medo de que desaparecesse. Subi correndo para meu apartamento e escrevi o capítulo intitulado "Mágica".

No início, quando você fizer a repetição mental com sentimento, vai parecer estranho. Talvez dê a impressão de que está fingindo. Isso não é real. Se acontecer, pergunte-se o seguinte: *o barulho na minha cabeça é real?*

São só repetições em cima de repetições de pensamentos, velhos canais e padrões executando a si mesmos. Confete da mente. Digamos que você resolva algo em sua cabeça, uma nova versão vai aparecer amanhã. Mesmo se você abrir mão da raiva contra alguém hoje, pode sentir raiva de uma pessoa diferente na semana que vem. Nada mudou, exceto a fachada.

É por isso que esse canal é tão eficaz. Como já temos a capacidade de amar, ele atravessa a bagunça, joga fora o lixo naturalmente. Velhos padrões de pensamento perdem o poder.

Quando eu estava no fundo do poço, não me importava saber o motivo da minha mente favorecer pensamentos baseados no medo. Se você estiver pegando fogo, não vai querer uma palestra sobre a natureza da combustão. Vai querer água. Então, em vez de lutar contra os pensamentos em minha cabeça, foquei no único que importava. Aquele que me salvou. Eu estava, como disse um sábio amigo, vivendo a vida de dentro para fora.

Foi isso que me trouxe até aqui. É disso que se trata a repetição mental.

TENTE ISTO:
REPETIÇÃO MENTAL

A repetição mental é a peça mais simples da prática. Basta repetir "eu me amo" em toda chance que tiver. Em voz alta ou mentalmente, o que quer que pareça certo. Só isso.

O que você está fazendo é deslocar a mente para um canal focado. Está pegando o pano e limpando sua janela. A luz vai entrar. Ela sempre entra.

Sua mente pode se rebelar. Afinal, não é normal conscientemente estreitar seus pensamentos a um só. É uma forma de disciplina mental que nunca aprendemos. Então, memórias e emoções talvez surjam dizendo-lhe o oposto.

Primeiro, isso é esperado. Seja gentil consigo mesmo e continue. O próprio ato de criar esse novo canal é uma forma de se amar.

Segundo, não ouça os medos. São cobras causadas pela alucinação, todos eles. Para se salvar, você precisa atravessá-los.

Quando um herói começa uma busca, ele sabe que haverá obstáculos em seu caminho rumo ao tesouro. Faz parte da grande aventura. Você é o herói de sua história. Cobras causadas pela alucinação são seus obstáculos.

Terceiro, atravessar as cobras causadas pela alucinação constrói autoconfiança. Você percebe que é mais poderoso que suas ilusões. Mas nenhum livro ou pessoa pode fazer isso por você. Só você pode.

Quando estiver levemente acostumado à repetição mental — e só demora um ou dois dias —, adicione sentimento. Vai levá-lo ao próximo nível.

Por que esperar? Porque a mente se rebela muito mais se você já começar fazendo tudo de uma vez. Então, a melhor forma de fazer é passo a passo. Comece o canal e, depois, cave mais fundo. A água fluirá.

Para adicionar sentimento, faça respirações lentas e com propósito. Com a inspiração, diga "eu me amo" e sinta o amor surgir em seu peito. Isso ajuda a imaginá-lo como luz. Com a expiração, solte o que vier. Não é preciso forçar nem fingir. Você deve apenas permitir, porque seu amor já está dentro de você.

Quanto mais fizer isso, mais profundo o canal. Mais ele se torna parte de seu subconsciente. Mais ele começa a correr sozinho, até, por fim, sua mente ser mais uma expressão desse canal do que não.

Alguns preferem dizer "eu amo a mim mesmo". Outros, "eu sou amado". Todas as variações funcionam. Lembre-se de que é a intenção por trás das palavras que importam. Neste caso, sua intenção deve ser um foco puro no amor por si mesmo.

Quando você começar, seja obsessivo com a repetição mental. Faça-a o máximo que puder. Notará as mudanças internas e, depois, as externas. Vá com tudo.

Mas, uma hora, se você for como eu e as coisas começarem a ficar muito boas, vai desacelerar. Não tem problema. A vida é longa e tem seu próprio ritmo. Mas este é o perigo: se você parar, a mente começa a deslizar para seus antigos hábitos.

Ela nunca volta para onde você estava antes — afinal, você criou um novo canal poderoso —, mas os canais do passado são profundos. Eles foram cavados durante a vida inteira. É contra isso que você está lutando.

Aqui está como manter a consistência:

AO ACORDAR

Faça uma respiração longa e profunda, e diga mentalmente ou em voz alta: "Eu me amo." Imagine a luz fluindo de cima para sua cabeça e se espalhando em seu corpo, indo aonde precisa ir. Sinta o sentimento de amar a si mesmo. Então, expire.

Faça isso por dez respirações. É uma linda forma de começar o dia.

DURANTE O DIA

Sempre que notar seus pensamentos vagando para a escuridão — raiva, mágoa, dor, medo etc. —, pegue seu pano e limpe sua janela.

Deixe a *mudança* ser sua ação. Se notar sua mente em um ciclo negativo, mude para o amor por si mesmo. Faça isso durante o dia. Mude. Mude. Mude.

Cada vez que mudar, faça a repetição mental intensamente por dez respirações profundas. Se você estiver passando por um momento difícil ou se sentindo estressado, pausar para fazer essa prática ajuda muito. Além disso, vai mostrar a você que, no fim das contas, somos responsáveis por nossa infelicidade, e também por nossa cura. E a cura está disponível para nós a todo momento.

Lembre-se de que você está aprofundando esse novo canal com cada mudança. O que pode parecer trabalho no início vai acabar se tornando natural. O canal vai fluir sozinho.

PEGANDO NO SONO

Só repita o que você fez ao acordar. Exceto que, aqui, não pare. Faça até adormecer.

Sua mente vai vagar, como acontece naturalmente, mas, toda vez que você notar isso, traga-a de volta ao seu novo canal. É um momento incrivelmente eficaz. Você está criando camadas de amor por si mesmo em seu subconsciente enquanto cai no sono.

Também é uma linda forma de terminar o dia.

A PRÁTICA:
2. MEDITAÇÃO

A meditação é a parte mais poderosa da prática.

Mas você pode não sentir os efeitos imediatamente. Com frequência, você está lá sentado com sua mente vagando por todos os lugares, se perguntando o que está fazendo com sua vida, como acabou aqui, por que seu nariz está coçando, se consegue devolver este livro na livraria e pegar seu dinheiro de volta...

Mas, mesmo com tudo isso, há momentos de silêncio. De sua mente saindo do caminho. Da luz entrando. E esses momentos são o bastante.

Lembre-se: é a luz que tem o poder de cura. É a luz que transforma. Não há nada a fazer a não ser deixá-la entrar. Sem forçar, apenas deixando acontecer.

O que realmente me ajudou foi fazer isso com a mesma música. Era algo que me trazia associações positivas. Já que eu me sentia bem ouvindo-a, era mais fácil entrar naquele estado quando fechava os olhos para meditar. Dentro de uma semana, no momento em que a música começava, minha mente automaticamente entrava em um estado de silêncio. A luz jorrava.

Não posso garantir como você vai se sentir quando começar a fazer isso. Mas posso prometer que, se fizer a prática e focar na luz vindo de cima, permitindo que ela entre, logo notará mudanças dentro de si. E prometo isto: em sua vida também.

TENTE ISTO:
MEDITE

A meditação é simples. Encontre uma música que o faça sentir-se bem, coloque, feche os olhos, sinta a luz entrando vinda de cima com cada inspiração e diga a si mesmo: *eu me amo.*

Então, solte o que quer que venha com a expiração. Se sua mente vagar, gentilmente leve-a de volta a sua inspiração. Faça isso até a música acabar. Para mim, isso leva pouco mais de sete minutos.

Sua mente pode se rebelar, mas não deixe isso assustá-lo. Lembre-se de que há cobras causadas pela alucinação no caminho para o amor. Quando você as reconhecer como as ilusões que são, o poder delas sobre você naturalmente diminui. Isso, em si, vale a pena.

Repita a meditação todos os dias com a mesma música. Se possível, no mesmo horário a cada dia. Torne a prática uma âncora em torno da qual gira sua vida. Depois das primeiras vezes, adicione sentimento, exatamente como fez com a repetição mental.

Não recomendo ouvir essa música fora da meditação. Você não quer que a mente a conecte com o mundano. É um momento focado e bonito em que você está pegando o pano, limpando a janela, deixando a luz entrar. Deixe que ela seja especial.

A PRÁTICA:
3. ESPELHO

Esta é a parte que muitos evitam. Aqui vai a minha sugestão: se você se ver resistindo, precisa fazer. A resistência é a luta das repetições e dos padrões antigos pela sobrevivência. Os mesmos que o seguravam. Hora de abrir mão deles.

Descobri essa prática por acidente. Certa noite, enquanto fazia a repetição mental em voz alta, me olhei no espelho. E continuei... *Eu me amo. Eu me amo. Eu me amo...*

Uau. Algo poderoso estava acontecendo.

Eu estava me conectando comigo mesmo de uma forma profunda. Depois de apenas cinco minutos, senti uma vibração. Mas parecia que as coisas tinham se acomodado por dentro. Como se estivessem mais sólidas. Foi muito estranho.

Continuei fazendo diariamente. O truque, aprendi testando todas as variações, era olhar nos meus olhos. Não para meu rosto. Não para meu cabelo. Nada mais. E sim me colocar tão perto do espelho que só conseguisse ver meus olhos e depois dizer a mim mesmo que me amava.

Isso ancora nosso amor a nosso eu físico. E o foco nos olhos evita os julgamentos que fazemos sobre nosso rosto e corpo. Quanto mais fazemos isso, mais os julgamentos desaparecem.

É especial. Faz com que você se apaixone por si mesmo.

TENTE ISTO:
ESPELHO

Olhe nos seus olhos no espelho e faça a repetição mental sem parar por cinco minutos. Quando puder, pause entre as respirações e se perca em seus olhos. Quanto mais fizer isso, mais experimentará sua própria beleza.

Então, assim como na repetição mental e na meditação, adicione sentimento após as primeiras vezes.

Não recomendo fazer outra atividade, como escovar os dentes, enquanto faz isso. Quanto ao melhor momento, sugiro que, se for possível, faça logo após a meditação. Quando feitas juntas pela manhã, essas duas práticas o preparam para o dia.

Descobri que é mais poderoso quando digo "eu me amo" em voz alta. Se for demais, sussurre. Algo acontece quando você combina a corporalidade de sua voz repetindo que o ama com olhar dentro de seus próprios olhos. Isso causa uma mudança interna, deixa a luz entrar.

O segredo aqui é focar. Você está apostando tudo em se amar por esses breves cinco minutos. De uma forma visceral e física. Dê-se esse presente.

A PRÁTICA:
4. PERGUNTA

É fácil ficarmos presos em nossa própria mente, executarmos repetições mentais no automático. Parece tão normal que raramente paramos para questionar. Mas a maioria dessas repetições não nos é útil. Na pior das hipóteses, destroem nossa autoestima, nos separam do amor.

É por isso que a pergunta certa no momento é eficaz. Primeiro, ela desloca a mente. Já não estamos em piloto automático. Segundo, responder nos força a fazer uma escolha consciente. Terceiro, a escolha leva à ação, interna e externa.

Fazer e responder perguntas nos torna proativos em nossa vida, em vez de reativos. Isso, por si só, é transformador. Aqui estão as que eu uso para amar a mim mesmo:

Se eu me amasse verdadeira e profundamente, me permitiria passar por isso?

O *se* remove qualquer argumento que a mente cria. Mesmo quando estou me sentindo horrível e não estou me amando, o *se* torna a resposta possível e real.

Essa pergunta é perfeita para lidar com os outros. Não importa como o próximo seja, a forma como me sinto é escolha minha. Sempre. Então, faço a pergunta para me afastar dos pensamentos reativos.

Se eu me amasse verdadeira e profundamente, o que eu faria?

Essa pergunta é ótima para escolhas de vida. Ela me faz focar em frente, em vez de no espelho retrovisor dos meus pensamentos. Não importa o que aconteceu, não importa os erros que cometi, ela me leva ao que eu preciso. Aliás, você está lendo este livro por causa dessa pergunta.

Depois de eu ter finalizado a versão original e me comprometido a publicá-la, ainda hesitei. Estava aterrorizado com a possibilidade de arruinar minha carreira no Vale do Silício. Então, certa noite, me fiz a pergunta.

A resposta era simples: eu compartilharia minha verdade. Era importante demais para eu não fazer isso. Se zombassem de mim, ia me amar para superar. A mágica resultaria de qualquer forma — o que seria, eu não tinha ideia. Mas tinha experimentado mágica o bastante por me amar para *saber* que era real.

Responder a essa pergunta deslocou meus pensamentos do medo à verdade e, depois, à ação. Colocou o livro no mundo. Muita mágica veio à minha vida como resultado.

Se você algum dia se sentir impotente ou perdido, pergunte-se isso. Vai guiá-lo à escolha e à ação.

Estou na luz ou na escuridão?

Quando noto que estou perdido em pensamentos, me faço essa pergunta.

Se a resposta for "luz", ótimo. Intensifico os pensamentos e aproveito. Aliás, quanto mais você se amar, mais vai se ver aqui.

Se for medo, raiva, histórias virtuosas, mágoa, tudo isso é escuridão. Não há forma de lutar contra ou afastar. Isso só a fortalece. Só me tira do momento presente.

Então, volto ao que sei que funciona. Pego meu pano, limpo minha janela — vou para as dez respirações de amor por mim mesmo. Às vezes, isso me tira da escuridão imediatamente. Às vezes, são necessárias muitas respirações a mais, tudo dependendo do quanto eu estava emaranhado em pensamentos. Mas funciona.

TENTE ISTO:
PERGUNTA

Você pode ficar tentado a usar todas as três, mas alerto a não fazer isso. Se não estiver acostumado a fazer e responder perguntas no momento, múltiplas opções farão a mente hesitar. Com frequência, é tempo suficiente para as velhas repetições chegarem.

Uma pergunta é um interruptor. Você só precisa criar o hábito de ligá-lo. Quando tiver aprofundado o canal e ela se tornar natural, aí, sim, adicione as outras.

Comece com esta: *Se eu me amasse verdadeira e profundamente, o que faria?*

É fácil de lembrar e se aplica a praticamente qualquer pensamento ou situação. Só isso já melhorará sua qualidade de vida.

Veja como aprofundar o canal:

Escolha uma coisa que é importante para você. Pode ser um relacionamento, sua saúde, um objetivo pessoal ou profissional. Então, faça-se a pergunta cada vez que estiver envolvido na atividade.

Por exemplo, se for saúde, sempre que estiver prestes a comer, pergunte-se: "Se eu me amasse verdadeira e profundamente, o que faria?"

A resposta o deslocará de antigos padrões para a escolha e, depois, a ação. Quando começar a parecer natural, use em outras áreas de sua vida.

Usei essa pergunta ao escrever este manual. Meu compromisso é apostar tudo, dar tudo o que tenho. Então, sempre que recebo pedidos tentadores que me afastam da escrita, me pergunto: "Se eu me amasse verdadeira e profundamente, o que faria?" Depois, vivo a resposta.

Perguntas, mais do que qualquer coisa, o desviarão do que não lhe é útil, tanto em sua mente quanto em sua vida.

O PRÓXIMO NÍVEL

Começamos o canal dizendo "eu me amo" com a inspiração e soltando o que quer que viesse com a expiração. Depois, aprofundamos e adicionamos sentimentos. Isso nos levou da escuridão à luz.

Há outro nível. Você estará pronto para ele quando notar sua expiração mudar. Ela vai parecer mais limpa, mais pacífica. É hora de ir mais fundo, de novo.

Com a expiração, diga "obrigado". Com sentimento.

Afinal, você está amando a si mesmo e experimentando mágica, a gratidão é uma reação natural. Gratidão por quem ou pelo quê fica a seu cargo. O que importa é o sentimento de gratidão em si.

Mais uma vez, é simples de fazer. Diga "eu me amo" com a inspiração, diga "obrigado" com a expiração e sinta a emoção de cada um. Faça isso durante a repetição mental, a meditação e o espelho.

Quando você inspira luz e expira gratidão, não sobra espaço para a escuridão. Faça isso por vezes suficientes e, por fim, essa repetição começa a acontecer sozinha. É aí que você quer estar: onde o amor e a gratidão são expressões naturais de cada respiração. É bonito de vivenciar.

Você pode estar começando a praticar já nesse nível, e fique à vontade para isso. A vida é sua, e os únicos resultados que importam são os seus. Mas isto é o que aprendi: se você pula com força, a mente se rebela com ainda mais força. Aquelas cobras de alucinação lutam sujo. Mas se for passo a passo, há menos resistência. O processo é mais suave e você tem mais chance de ter sucesso.

Cheguei aqui começando o canal, observando o que surgia dentro e depois aprofundando o que parecia natural. Sem necessidade de mapa. Como qualquer outro ser humano, eu já estava pronto para o amor. Quando aceitei isso, o canal praticamente se cavou sozinho.

RITUAIS

No treinamento militar básico, antes de entrarmos no quartel, tínhamos de fazer vinte flexões. Não importava se você estava exausto ou tinha de entrar e sair o dia todo. Antes de entrar, fazia suas flexões.

Tínhamos toda uma série delas. Da linha de tiro até a cafeteria, sempre havia flexões e barras a cumprir. Só isso provavelmente já era capaz de deixar vários recrutas em forma. Meses depois, sempre que eu entrava em um prédio, ainda tinha de suprimir a urgência de ir para o chão e fazer vinte flexões. Aquele ritual tinha sido programado em mim.

Peguei esse conceito e apliquei à prática. Passei a colocar o que eu sabia que devia fazer no piloto automático.

Por exemplo, sempre que me sento para escrever, fecho meus olhos, respiro fundo e sinto amor por mim mesmo. Sinto gratidão pelas palavras que estão por vir. E, como essa repetição mental fica mais forte a cada vez, me leva a amar a mim mesmo, e as palavras fluem.

Meditar pela manhã, dez respirações antes de entrar em meu prédio, dez respirações ao acordar e antes de dormir — todos são rituais que criei para mim.

Você não perde tempo a cada manhã se perguntando se devia ou não escovar os dentes. Só escova. Esse é o poder dos rituais. Eles criam os canais que chamamos de hábitos. E esses hábitos, bons ou ruins, dominam nossa vida.

Crie rituais de amor por si mesmo para a sua manhã, a hora de dormir e o que quer que você repita durante o dia. Qualquer coisa, desde a hora de comer até reuniões de negócios. Quanto mais você adicionar a prática ao seu ritmo natural, mas ela vira uma parte sua.

Por favor, não pule isso. Rituais são uma aplicação prática de seu juramento. Sem eles, você provavelmente vai se ver adiando o que precisa. Sem rituais, arriscamos deixar por último o que devia vir primeiro.

Aliás, se você estiver passando por um momento difícil, intensifique seus rituais. Medite mais de uma vez. Faça o espelho a cada chance que tiver. Torne seu dia uma prática constante das dez respirações. Isso vai ajudá-lo a sair dessa.

ACOMPANHAMENTO

Um objeto em repouso continua em repouso a não ser que uma força aja sobre ele. Essa é a primeira lei do movimento de Newton, também chamada de lei da Inércia. Um foguete em uma plataforma ficará lá para sempre a não ser que os propulsores sejam ligados. O mesmo vale para o amor-próprio. O juramento é a energia necessária para a decolagem.

Mas como você mantém o foguete em movimento?

Em nosso caso, como você continua se amando quando a animação inicial passa? Como você faz a prática quando as responsabilidades entram no caminho ou você simplesmente não está a fim? Simples: você se acompanha.

Arrume um calendário e, ao fim de cada dia, tique as várias partes da prática que fez. Se conseguiu cumprir seu compromisso total, coloque um grande X naquele dia. Há uma sensação profunda de satisfação ao ver uma série ininterrupta de Xs.

Nossa mente é especialista em inventar histórias sobre por que os deslizes são justificados. São as antigas repetições mentais lutando por sobrevivência. É por isso que ser responsabilizado por outros que não nós mesmos funciona. Não importa a desculpa, quadrados vazios em um calendário não mentem. Eles nos obrigam a enfrentar a verdade de por que estamos falhando.

Eu não fiz isso assim que comecei. Mas depois, quando a vida começou a funcionar e fiquei preguiçoso e relaxado, descobri que o ato de acompanhar naturalmente me fazia ir melhor. Era fácil assim.

Além do mais, é melhor se corrigir antes que a vida faça isso. Quando a vida interrompe para chamar sua atenção, a chamada em geral é dolorosa.

RISCO NA AREIA

Não importa quão intenso o juramento, não importa o acompanhamento, é provável que, ao longo do caminho, você tropece. Deixe de fazer alguma das práticas. Fique preguiçoso e passe a relaxar. É importante ser honesto consigo mesmo sobre isso. E planejar.

Primeiro, não se culpe. Ainda não vi uma foto de um ser humano embaixo da manchete "perfeito". Cair e levantar faz parte do contrato de estar vivo.

Segundo, escolha alguma das práticas que você não vá pular, não importa o que aconteça. Esse é o seu risco na areia. É o mínimo do mínimo que você fará para manter seu juramento.

A meditação é meu risco na areia. Não importa como seja o dia, não vou dormir sem fazê-la. Dessa forma, mesmo se eu falhar em manter meu compromisso total comigo mesmo, pelo menos mantenho a parte mais importante para mim. E isso permite que o impulso continue. Depois, no dia seguinte, volto à prática completa.

Estes riscos na areia mantêm o impulso:

- Meditação uma vez por dia.

- Espelho uma vez por dia.
- Dez respirações da repetição mental dez vezes por dia.

Escolha uma que pareça mais poderosa e faça. Mas lembre-se de voltar à prática completa assim que puder. É aí que a mágica acontece mais rápido.

RESUMINDO

Aqui está: perdoe-se, faça seu juramento e faça a prática. Tudo de dentro para fora.

Não há perfeição. Não há a necessidade de forçar ou de tentar fazer algo acontecer. Apenas compromisso e permissão. Deixar a luz entrar e fazer o trabalho dela. Todos somos capazes disso. Não importa o que passamos na vida, todos somos programados para o amor.

Passei a acreditar que viver assim nos conecta ao fluxo da vida. Em vez de lutar ou nos debater, seguimos a evolução natural das coisas. Talvez seja por isso que não só nosso interior muda, mas o exterior também.

Depois que você se perdoar e fizer seu juramento, faça a prática por um mês inteiro. É o que inicialmente levou minha vida a se transformar. Isso funcionou também para leitores com quem conversei.

Quando colocamos tempo em nossos compromissos, eles de repente se tornam reais. E como resultado, têm muito mais chance de acontecer. Então, responsabilize-se com seu juramento por um mês. Acompanhe-se, escolha seu risco na areia e crie seus rituais. Vá com tudo. É só um mês para amar a si mesmo verdadeira e profundamente, e transformar sua vida.

O resto deste manual inclui o que adicionei para amar a mim mesmo ao longo dos anos. Use o que parecer certo, mas mantenha as práticas como sua fundação.

TRAUMAS DE INFÂNCIA

Sempre tive dificuldade com términos. É como se, no fim de cada relacionamento, eu esquecesse meu próprio valor e regredisse. Esse é um canal profundamente entrincheirado, e é por isso que um canal alternativo por meio de uma prática consistente é obrigatório. Senão, nossa mente volta ao sofrimento que conhece.

Enquanto fazia a meditação, percebi por que tinha esse canal. Meu pai era abusivo com minha mãe. Depois de um episódio muito ruim, ela foi fazer compras no mercado e não voltou. Eu e ela tínhamos planejado aquilo. Quando meu pai fosse dormir, eu ia sair escondido com meu irmão mais novo e encontrá-la na esquina.

Meu pai me pegou. Ainda me lembro daquele momento. De olhar escada abaixo, daquela porta trancada tão longe. Tentei escapar várias vezes, sem sorte.

Então, certa tarde, meu pai nos levou para encontrá-la no parque. Nos sentamos em um banco enquanto ele a convencia a voltar. Mas ele não me deixava tocar nela. Nunca me esquecerei desse sentimento, da dor de querer tanto me aproximar, de querer que ela me abraçasse.

É surpreendente que eu surte após o fim de um relacionamento? Nesses momentos, não sou o adulto que tem a vida em ordem e sabe como as coisas funcionam. Sou aquele garotinho fazendo planos, desesperadamente precisando de amor.

Mas ninguém mais pode preencher esse vazio para ele. Nenhum relacionamento, nenhum objeto, nenhuma substância, nenhuma fuga. Só eu posso. Então, da última vez que isso aconteceu, voltei-me para dentro, fechei meus olhos e o imaginei. Então, eu o abracei e o amei. Simplesmente o amei.

E sabe de uma coisa? Era só disso que ele precisava. Ele se acalmou. Sempre que ele me puxa de novo, faço a mesma coisa. É mais uma oportunidade de amar uma parte de mim.

Todos temos nossas fraquezas. Essa por acaso é uma das minhas. A sua pode ser diferente, mas os temas são os mesmos. Somos humanos, e os fios primitivos de amor e medo nos unem.

Quaisquer traumas de infância que você descobrir em si, primeiro, aceite-os. São parte de sua história pessoal. Fizeram de você esse ser humano incrivelmente lindo.

Segundo, ame essa parte de si. No presente, dê-se o que você precisava no passado e entenderá a verdade — você é aquilo de que precisava o tempo todo.

TENTE ISTO:
TRAUMAS DE INFÂNCIA

Passo 1: Sente-se ou deite-se em algum lugar tranquilo. Como sempre, se puder, escolha um lugar em que se sinta bem.

Passo 2: Feche os olhos e faça a repetição mental. Inspire amor, expire o que quer que venha. Deixe a luz fluir de cima. Faça isso até você sentir um ritmo natural.

Passo 3: Coloque a mão sobre o coração. Esse mesmo coração já bateu em seu eu mais jovem.

Passo 4: Quando estiver pronto, imagine a criança na sua frente. Se surgirem emoções de qualquer um de vocês, seja paciente e deixe-as fluir.

Passo 5: Sinta as batidas de seu coração por um tempo. Ele pertence a vocês dois. Vocês estão sincronizados.

Passo 6: Então, dê a criança seu amor.

Você pode abraçá-la e dizer: "Eu te amo, eu te amo, eu te amo..." Você pode ficar em frente a ela e fazer isso. Pode sentir a luz de cima fluindo de você para a criança, dissolvendo tudo o que precisar ir. Pode ficar em silêncio ou expressar seu amor em voz alta.

Os detalhes não são importantes. A única coisa que importa é sua intenção: dar amor a essa criança. Dar a ela todo o amor que você tem.

Passo 7: Não fique surpreso se surgirem emoções há muito reprimidas. Solte-as e liberte-se.

Passo 8: Não há nada a resolver, nada a consertar, nada mais a fazer. Quando você tiver dado seu amor e se sentir calmo, abra os olhos.

Passo 9: Sinta de novo as batidas de seu coração por um tempo. Então, acabou.

Aqui vai uma sugestão: por que limitar isso a seu eu criança? Não há nada que o impeça de dar amor a quem você era no ano passado ou mesmo ontem. Isso é muito útil se você passou recentemente por algo difícil.

Dê ao seu eu do passado aquilo de que você precisava. É uma das coisas mais poderosas que podemos fazer.

SEU EU FUTURO

Um dia, depois de dar amor a meu eu mais jovem, me perguntei: *Algum dia, serei mais velho e mais sábio. O que esse homem diria a mim hoje?*

A pergunta me fez sentar, animado. Meu eu futuro que tinha passado por tudo o que havia passado até aquele momento e muito mais. Que tem o benefício da retrospectiva que eu não tenho. Que tem amor e compaixão por mim de uma forma que só alguém que esteve no meu lugar pode ter. Que me entende melhor do que qualquer um conseguiria.

A resposta era óbvia. Ele faria exatamente o que eu havia acabado de fazer por meu eu mais jovem.

Então, fechei os olhos, fiz a repetição mental e o imaginei parado à minha frente. Ele deu um sorriso amoroso e compreensivo. E, então, me abraçou, beijou o topo da minha cabeça e me deu amor.

Não havia nada que eu precisasse fazer. Só receber amor. Meu amor.

Faça isso.

DANDO AMOR

Quando tenho problemas com alguém de quem gosto muito, faço a repetição mental, imagino-me abraçando essa pessoa e então beijando o topo da cabeça dela e dando-lhe amor. Só isso.

Isso me desloca da raiva, mágoa ou ressentimento. Tudo isso é escuridão. A luz flui, curando o que quer exista entre nós. Ela me recorda do que importa.

Quando fizer isso, lembre-se de uma coisa: o ponto é você mesmo mudar, não a outra pessoa. E nunca tema que, dando amor, você tenha menos para si.

O amor não é como o pote de um mendigo. O amor é um poço conectado à própria vida. Quanto mais ele flui por você, mais o transforma e mais você recebe de volta.

PARAQUEDAS

Às vezes, amar a nós mesmos pode ser a coisa mais difícil do mundo. Em especial, se estamos presos no sofrimento. Se esse for o seu caso, diga isto a si mesmo: *a vida me ama*.

Se acredita em Deus, substitua "vida" por "Deus". Ou só torne a "vida" aquela única faísca que resultou em bilhões de galáxias e, por fim, em você. Isso o conecta a algo maior.

Diga isso a si mesmo de novo e de novo e de novo. Aliás, deixe tudo de lado e medite usando isso como repetição. Ao inspirar, receba a luz. Imagine que o que está dizendo é verdade, sinta isso. É importante. Não só diga intelectualmente, vivencie.

Solte tudo o que vier com a expiração. Repita até que a única coisa que surgir quando você expirar seja um simples "obrigado".

Quando tiver terminado a meditação, volte àquele lugar em sua mente a cada chance que tiver. Mesmo que seja por dez respirações. Faça isso até ser seu pensamento dominante.

É um paraquedas. Vai ajudá-lo. Mesmo que você não acredite por um único segundo, vai ajudá-lo. Paraquedas funcionam independentemente de suas crenças na gravidade e na resistência do ar.

Primeiro, vai distanciá-lo das histórias incapacitantes da mente. Segundo, vai levá-lo para fora de si mesmo e para o presente estatisticamente incrível que é estar vivo. Terceiro, vai lembrá-lo de seu próprio merecimento de ser amado.

Quando você tiver mudado, volte a amar a si mesmo. Mas use isso sempre que precisar.

MAIS ALTO

Acredito que somos parte de algo maior que nós. A vida é uma faísca de um grande fogo. Amar a mim mesmo me mostrou isso. Muitas coisas fora do meu controle mudaram em minha vida para que eu simplesmente racionalizasse e desprezasse isso.

Você não precisa acreditar no que eu acredito. A vida funciona da forma que funciona, de todo jeito. Mas quero compartilhar como usei isso para levar a prática a um nível mais alto.

No último capítulo, dei a você um paraquedas. Uso o mesmo princípio aqui. Mas, em vez de esperar até precisar, mesclo isso com o amor por mim mesmo. Isto é o que faço:

Fecho meus olhos, sinto a luz me envolvendo de cima e, com cada inspiração, digo "eu me amo" algumas vezes. Então, desloco para algo maior do que amar a mim mesmo. Pode chamar de vida, Deus, universo ou o que funcione para você.

Mudo as frases seguindo meu instinto. Mais importante, deixo-me sentir como seria se eu me amasse e, além disso, fosse amado por tudo o que existe. É algo absolutamente lindo de experimentar.

Com a expiração, solto o que vier. Mas me certifico de que, quando eu acabar, a expiração venha com um "obrigado" natural. Simples assim.

Você pode fazer isso com a repetição mental, meditação e espelho. Seu canal vai se aprofundar.

REPITA

Imagine que você se perdoou. Fez o juramento. Foi com tudo. Você vive, respira e come a prática diariamente. Percebe que não vai fazer perfeitamente todos os dias. O que importa é sua intenção e consistência ao longo do tempo.

Talvez você se culpe quando escorregar aqui e ali. Mas precisa parar com isso. Afinal, se culpar não é a coisa mais amorosa a fazer.

Você mudou por dentro. Sua vida mudou por fora. Você está vibrando. O mês acabou. Tenho uma pergunta para você...

Se você se amasse verdadeira e profundamente, o que faria?

Minha sugestão: não pare. Por favor.

Os canais do passado são fortes. Não deixe que eles se ancorem de novo em sua consciência. Renove seu compromisso. Aprofunde o canal de amor por si mesmo. Quanto mais fizer isso, mas vai se tornar uma parte do seu ser. De quem você é.

Repita o processo todo — perdoe-se, faça seu juramento e pratique.

Se parece que vai dar trabalho, não vai. Um mês terá lhe mostrado a mágica. Aceite isso como seu novo normal e continue daí. Um mês a mais para amar a si mesmo. Um padrão mais alto. E, depois, outro mês...

Imagine um ano disso. Você não vai reconhecer sua vida. Prometo.

SE VOCÊ TIVER MEDO

Uma das lições mais transformadoras de amar a mim mesmo foi esta:

Se me assusta, há mágica do outro lado.

Não consigo enfatizar isso o suficiente. Se há uma regra para a vida, é essa.

Veja, qualquer um de nós seria capaz de encher um livro com nossos medos e todas as razões perfeitamente legítimas e lindamente elaboradas para eles. Mas isso não nos serve. Só atravessar o medo é útil.

Isto é o que amar a mim mesmo me deu: reconheci o medo pelo que ele era — uma cobra projetada pela alucinação, inútil, irreal. Então, amei a mim mesmo e superei. Cada vez, mágica.

Mesmo quando a vida não me dava o resultado exato que eu esperava, superar o medo me levou por caminhos igualmente recompensadores, se não melhores. Em geral, melhores.

Essa prática de superar o medo de novo e de novo me ensinou que ele não é algo a sempre ser evitado. É um sinal, como qualquer outro. Perfeito para evitar infernos ardentes ou quedas de milhares de metros. Mas fora isso, é um indício de onde está a mágica.

E a vida exige que eu supere. Não sei por que, mas é assim.

Tente por si mesmo. Atravesse suas cobras projetadas pela alucinação. É uma aplicação prática de amar a si mesmo. A cada dia, escolha uma e atravesse. Às vezes, você terá de superar o mesmo medo um zilhão de vezes. Não importa. Você está aprofundando o canal. Está se tornando uma pessoa que supera o medo.

Supere até ser mais quem você é do que quem você não é. Até ser um hábito natural. E não se esqueça de desfrutar da mágica do outro lado. Você merece.

ESPERE A MÁGICA

Quando comecei a prática, fiquei melhor por dentro. Depois, a vida ficou melhor por fora. Comecei a vivenciar sincronicidades que eu não conseguia explicar. A forma mais honesta de colocar isso é esta: a vida simplesmente começou a funcionar.

Quanto mais eu me amava, mais a vida funcionava para mim de formas que eu não teria sido capaz de planejar. Eu tinha de usar a palavra "mágica" para descrever isso. Não havia uma definição melhor.

Quanto mais isso acontecia, mais eu começava a esperar a mágica. Não era diferente de esperar o sol nascer pela manhã. Virou meu novo normal.

Mas veja bem...

Você não precisa esperar a vida lhe mostrar a mágica. Aliás, aposte tudo em amar a si mesmo e, então, espere a mágica. Quando buscá-la, ela vai encontrá-lo. Mas ajuda notar quando ela começa, em vez de atribuir à coincidência ou, pior, não prestar atenção.

A vida o recompensa mais quando você presta atenção aos presentes que ela dá. Por mais clichê que soe, descobri que é verdade. Nossa atenção é como um farol na escuridão. Aquilo em que focamos se torna nossa experiência da realidade. Resumindo: você recebe aquilo que espera.

Quer levar isso ao próximo nível? Então, sinta-se grato quando vivenciar a mágica. Quer ir ainda mais alto? Sinta-se grato *antes* de vivenciar a mágica, só esperando por ela. Aí, veja a vida despejá-la sobre você. Não estou dizendo isso porque soa bem. Funciona mesmo. Apenas tente.

Nada disso é física quântica. Se você viveu a vida, posso apostar que já vivenciou a mesma coisa. Então, *se você se amasse verdadeira e profundamente, o que faria?*

Eu esperaria a mágica e me sentiria grato por ela. Espero que você faça o mesmo.

UMA ÚLTIMA COISA...

Quando criei a prática de amar a mim mesmo, foi uma tentativa de me salvar. Tenho muita sorte por ter funcionado. Mas o que eu não esperava era o renascimento que ela me deu. Como ela transformou minha vida.

Veja, a vida é muito curta. Somos apenas uma breve explosão de luz e, então, vamos embora. Durante nosso tempo aqui, só temos uma função: brilhar intensamente. Digo isso porque, se você existe, você *deve* brilhar.

Faça isso por si mesmo. Faça só pela experiência. Faça pelas pessoas que ama. Faça por aquilo em que acredita, mas só faça. E quando você ama a si mesmo, brilha naturalmente.

Então, use este manual para amar a si mesmo verdadeira e profundamente. Se ficar aquém, e daí? Você é humano. Levante-se, sacuda a poeira e ame a si mesmo ainda mais. Em troca, a vida também vai.

PARTE III

A LIÇÃO

INTRODUÇÃO

Seis anos após aprender a amar a mim mesmo, eu caí.
A culpa foi puramente minha.

Eu tinha passado os dois anos anteriores relaxado, focando
nos problemas, reagindo à vida em vez de ser proativo de
dentro para fora. No fim, a prática ficou em segundo plano.
Eu não conseguia me lembrar da última vez em que tinha
feito o juramento, quanto mais mergulhar com tudo.

Os canais de amor-próprio que eu tinha construído eram
fortes o bastante para dominar a cena por um tempo. Mas
os canais do passado são profundos. Quando descuidamos
por tempo suficiente, a água volta a fluir por eles.

Minha mente começou a mostrar os resultados. Depois,
minha vida. Mesmo assim, eu relaxava. A preguiça tem seu
próprio impulso. E quanto mais eu seguia dessa maneira,
mais evitava aquilo de que tanto precisava. O ego é
traiçoeiro mesmo.

Então, um término inesperado com uma mulher que eu
amava profundamente. Caí feio.

Tem uma coisa boa em cair: seu ego vai mais rápido que
você. Então, é fácil desistir dele. E desisti. A vergonha de
ter deixado aquilo acontecer, de ser a pessoa que devia
estar mais preparada, de não viver aquilo sobre o que eu

literalmente tinha escrito um livro. Eu tinha de me salvar, então, abri mão de tudo.

Voltei à prática. Uma coisa de cada vez, caminho por caminho, canal por canal. Amando a mim mesmo novamente. Mas frequentemente, embora eu soubesse qual era o passo seguinte, lutava contra. Verdade seja dita, eu estava me punindo por ter caído com tanta força.

Apesar da minha resistência, apesar de tornar aquilo mais difícil do que precisava ser, apesar de colocar obstáculos em meu próprio caminho, a prática ainda funcionou. Em menos de um mês, eu estava transformado. Amar a si mesmo funciona, ponto.

Esta seção, *A lição*, é essa história profundamente pessoal. Cada palavra, como o resto do livro, é verdade. Minha maior fraqueza, que muitos leitores também compartilharam comigo, é que, quando as coisas ficam boas, eu começo a relaxar. Estou compartilhando esta experiência com você para que não cometa o mesmo erro.

Você me verá cair, subir de volta sofrendo e então me levantar usando os mesmos princípios que outrora salvaram minha vida. Também entenderá as nuances dessa jornada. Acredito que isso vai ajudá-lo.

Às vezes, aprendemos mais com os erros do que com os sucessos alheios. Não fique surpreso se achar que esta é a seção mais útil do livro.

I

Voltei para casa num voo noturno. Eu podia ter pegado um mais tranquilo, mas queria voltar para ela. Estou longe há uma semana e meia. No caminho do aeroporto até a cidade, observo prédios de vidro no bairro financeiro brilhando sob o sol da manhã. Sorrio.

Abro a porta, ela vem e me abraça. Mas não da forma de sempre, correndo até mim e agarrando com força. Ela se apoia em mim, com o aperto fraco.

— O que aconteceu? — pergunto.

Ela passou a noite em claro, chorando. Vai me deixar. Precisa de tempo e de espaço. Não está pronta para um compromisso. Não me deseja. Não sente por mim o que sinto por ela. *Não é você*, ela diz, *sou eu*.

O mundo gira. Era como se eu tivesse entrado, pisado em um tapete e ela tivesse abaixado e o puxado. Lá estou eu, pés no ar, caindo de costas em câmera lenta. Sem controle. E consigo sentir. O chão está se aproximando cada vez mais e sei que quando bater nele, vou me despedaçar.

Alguns dias depois, fazemos amor. É uma dança das mais esquisitas, sabendo que a música parou. Quando estou perto, ela me pede para não entrar nela. É a primeira vez que faz isso.

Fico acordado na cama essa noite, meus pensamentos embolados, e penso comigo mesmo que se tudo é importante, isto é importante. Ela e eu somos importantes. Nós somos importantes. Mas se nada é importante, então isto também não é.

Talvez haja sabedoria aqui. Se nada é importante neste teatro que chamamos de vida, é melhor sair do palco pela esquerda.

II

Na noite seguinte, fantasio sobre invadir o apartamento de um amigo enquanto ele está viajando, tirar a arma dele do estojo de vidro e montá-la. Pente encaixado, trava de segurança desativada. Cano embaixo do meu queixo, aperto o gatilho. Fim.

Eu fecharia os olhos nesse momento ou os deixaria abertos? Essa é a pergunta que me mantém acordado. É o pensamento com o qual durmo. Pela manhã, acordo me lembrando de como eu era. Da mágica. Algo dentro de mim diz: *volte ao que funciona*.

Afasto esse pensamento.

III

É noite. Tenho um jantar com amigos que quase cancelo, porque não quero conversar, mas, no fim, vou. Não os vejo há muito tempo, e os amo. Pego a linha seis do metrô ouvindo a vídeos motivacionais aleatórios. Melhor afogar minha mente com o oposto dos meus pensamentos.

Em um vídeo, o palestrante diz: "Só há uma escolha, você deve ser sua melhor versão." Ele tem o sotaque sulista típico de um pregador. "Escreva isso e declare como um decreto várias vezes ao dia."

Um decreto. Que antiquado. Escutai, escutai... Por meio deste decreto eu declaro aqui que serei minha melhor versão.

Só o pensamento me faz ficar com a postura mais ereta.

IV

— A boa notícia é a seguinte — digo a ela três dias depois da puxada de tapete. — Eu vou morrer. Você vai morrer. O sol um dia vai queimar, a lua vai parar de brilhar e a Terra vai ser uma pedra inerte sem vida.

Pauso para dar efeito.

— A boa notícia... é que nada disso vai ter sido importante.

Depois, percebo o que acontece quando você não se importa com nada. Você se torna meio que destemido. Nada mal. Então, penso na arma do meu amigo e entendo que esta versão de destemido provavelmente não é a melhor.

A dificuldade na dor emocional é a seguinte: ela é real. Você se perde nela. Pode estar amarrando os sapatos e, sem perceber, só tem memórias e imagens e pensamentos embolados passando por sua mente. Como um trem passando a toda velocidade enquanto você está na plataforma, sentindo o vento. Exceto que, aqui, o vento é como uma espada, cortando e despedaçando.

— Volte ao presente — meus amigos me dizem no jantar. — A dor acontece quando a sua mente está no futuro.

Eu estava contando a eles o que ela tinha falado naquele dia, sobre os homens que queria namorar depois de mim. Então, mudei o assunto para o que eu poderia fazer. Ir ao México ou algum lugar, sumir por um tempo. Meus amigos, Cheryl e Michael, são casados há muito tempo. Eles sorriram.

— Um dia de cada vez, meu bem — ela falou. Cheryl Richardson é uma das mulheres mais sábias que já conheci. — Quando sua mente for para o futuro, só coloque a mão no coração e diga a si mesmo: "Eu volto a isto. Eu volto a isto."

Ainda não tentei, mas sei que vou. Preciso.

V

Eu tento. Faz uma semana da puxada de tapete. Coloco a mão no coração, sinto-o bater e repito: "Eu volto a isto." Em alguns segundos, mudei a frase e, em vez dela, estou dizendo: "Eu volto a mim. Eu volto a mim."

Depois, no banho, fecho os olhos embaixo d'água e o trem passa voando. Uma raiva nasce em mim. Mão no coração, tum-tum... tum-tum, digo a mim mesmo: "Eu volto a mim. Eu volto a mim."

E, naquele breve momento, o trem desaparece.

VI

É o oitavo dia após a puxada de tapete. Ela ainda não se mudou. Estamos no período das festividades de Natal e é difícil encontrar um lugar de última hora.

Depois de tomar banho e me vestir, levo minha mousse de cabelo para ela e peço:

— Pode?

É um ritual que tínhamos. Ela espalhava a mousse suavemente em meu cabelo, arrumando-o, e eu fechava os olhos e sorria, e me sentia muito amado.

Ela pega a lata e faz isso enquanto olho nos olhos dela. Vou enfrentar isso, penso. Não vou fugir. Olho para ela, que, ao terminar, me beija de leve.

Amanhã, vou cortar o cabelo e não precisarei mais disso. No dia seguinte, vou voar a São Francisco para ver minha família. Percebo de repente que hoje pode ter sido a última vez que fazemos esse ritual.

VII

Meu amigo James liga e diz que vai deixar o telefone ligado à noite.

— Eu nunca faço isso — ele fala —, mas quero que você saiba que está ligado para você.

Eu o vi ir de decepção amorosa em decepção amorosa desde que o conheço. Mas a tendência é: ele cai de pé. É impressionante. Depois de cada término, ele faz sua prática diária com dedicação. No fim, a vida fica melhor do que era antes.

A prática diária dele é a seguinte: físico, mental, emocional, espiritual. Vou fazer isso. Já vi fazer maravilhas por ele.

Para o físico, vou malhar dia sim, dia não e me alimentar de forma saudável. Sem álcool, pois ele é um depressor.

Para o mental, vou escrever diariamente. Vou pegar essa dor e essa energia e criar algo com elas. Além disso, no trabalho, a cada dia vou pegar aquilo que estou adiando e fazer de uma vez. Isso fará seguir em frente.

Para o emocional, vou passar tempo de qualidade com pelo menos uma pessoa por dia. Isso vai me distrair.

Para o espiritual, sempre que me pegar preso em pensamentos, girando e caindo, vou colocar a mão no coração e voltar a mim mesmo.

À noite, deitado na cama, digo a ela:

— Você está com sorte.

— Por quê?

É um comentário patético e chorão, e odeio dizer, mas faço mesmo assim.

— Porque só tem de aguentar mais uma noite disto.

— Não fale esse tipo de coisa — diz ela.

— Não faça esse tipo de coisa — respondo eu.

Ela fica quieta. Eu deito na escuridão, cabeça girando, coloco a mão no coração e, baixinho, digo a mim mesmo: "Eu volto a mim. Eu volto a mim. Eu volto a mim..."

VIII

É a véspera do meu voo. Ela encontrou um apartamento e vai se mudar enquanto eu estiver em São Francisco. Acordo desejando que este dia não existisse, que eu pudesse simplesmente apagá-lo.

Quando ela sai, ligo para Cheryl.

— Preciso que você me lembre de verdades — falo.

Ela fez uma turnê com a Oprah por um ano. A palavra "sábia" nem começa a descrevê-la. Ela tem um nível de visão do real incomparável, e eu preciso desesperadamente disso.

— A decepção amorosa é um gatilho para antigos abandonos — diz ela. — É a criancinha que o vivenciou (e todos nós vivenciamos) e está aterrorizada. Nessa idade, seus pais são tudo, e a sensação de abandono significa a morte.

Isso me faz parar. Sinto que sou eu que estou sofrendo, não uma criança há muito esquecida. Mas o que ela diz, mesmo que seja uma fração minúscula disso, soa verdadeiro.

— Sua criança precisa saber que pode confiar em você. Que você está com ela. É isso que você precisa fazer. A cada momento em que doer demais, a cada vez que você criar pensamentos dramáticos sobre o futuro, vá ao seu coração. Coloque a mão ali e diga: "Eu estou com você." É só disso que ela precisa.

Quando desligo o telefone, faço isso. Estou com você, pode confiar em mim. Estou com você. Estou com você.

Vou à academia. Vejo um homem pegando pesado e digo a ele:

— Impressionante.

Já nos vimos antes, mas nunca conversamos. Ele vem até mim, sorri e mostra o site da academia no celular.

— Olha — diz. — Sou eu.

Ele é o membro do mês. À esquerda, a foto antiga dele, exibindo um cara fora de forma. À direita, ele nos dias de hoje, musculoso.

— Impressionante — repito.

— A transformação exige esforço — fala ele.

Olho para ele sem expressão.

— Pode repetir?

— A transformação, ela exige esforço.

— Frase da semana, cara — digo. — Frase da semana.

Em minha conversa mais cedo com Cheryl, ela tinha dito:

— Você tem um dos melhores corações que já conheci.

Absorvi aquilo. O que seria necessário para eu mesmo acreditar? Será que Deus precisa abrir os céus e jogar um raio em mim? Ou será preciso uma epifania no leito de morte?

Para renascer, primeiro é preciso morrer. E isto com certeza parece a morte. Já chega de menosprezar o que aqueles que respeito veem em mim.

— Proteja seu coração — ela disse. — Dê o que ele precisa.

Vou fazer isso. A todo custo. Vou fazer.

IX

O problema das decepções amorosas é que parece que nunca vão passar. Você é assolado por emoções, memórias e projeções e, bem quando acha que está escaldado, outra onda o atinge. Sem parar.

Ela volta de afazeres na rua e me abraça.

— Meu amor — falo. Sempre nos chamamos assim.

Ela se afasta e sorri, em silêncio. É suficiente. Arrancar esse Band-Aid vai doer, mas devo fazê-lo.

Conto a ela o que Cheryl me falou sobre meu coração. Então, digo:

— Preciso salvar esse coração. Não sei como nem se vou conseguir, mas preciso salvá-lo.

Ela assente. Sei que me ama, mas está decidida.

— Vou sair — falo. Tenho um corte de cabelo às cinco. — Volto às seis. Quero que você saia e não esteja aqui quando eu voltar. Porque, quando chegar, preciso sentir e escrever e fazer as malas e enfrentar essa dor.

A cor no rosto dela muda.

— Meu voo é amanhã de manhã, aí você pode voltar. E, quando levar suas coisas, não me deixe nada. Nem bilhete, nem presentes, nem um registro nosso. Nada.

Percebo que ela não estava esperando isso.

— Sei as lições que você acha que vai aprender — digo.
— E também sei algumas outras lições que você vai ver que não queria aprender. São suas. Salvar meu coração é responsabilidade minha.

Eu me aproximo e olho fundo nos olhos dela.

— Aqui está um homem que foi verdadeiro e teria ficado ao seu lado a vida toda. Você não tem ideia do que é o amor.
— Depois, não consigo evitar. — Se decidir que este é o coração que você quer, faça alguma coisa.

Nenhum de nós pisca.

— Última coisa — falo. — É a única coisa que realmente lhe peço: use capacete.

Ela ama andar de bicicleta na cidade e sempre insisti que ela usasse um capacete. Ainda a amo profundamente. Nada mudou para mim, exceto uma coisa: vou me salvar.

Pego uma jaqueta e saio sem olhar para trás. Em vez de esperar pelo elevador, vou de escada. Ela me leva até o porão e preciso subir até o terceiro andar e tomar o elevador para descer, o que faz com que me sinta um pouco tolo, mas não me importo.

É fim de tarde e saio, caminhando com a postura mais ereta do que há um bom tempo.

X

— Você é um homem magnífico — me disse Cheryl certa vez. Fiquei impressionado por alguém que eu admirava e respeitava tanto achar isso de mim. Queria ter acreditado nela com todo meu ser.

Decido que vou criar um arquivo, inserir cada elogio sincero que receber e repeti-lo a mim mesmo como verdade. É um presente que os outros me dão. Se me veem assim, que direito tenho de não enxergar essas coisas em mim mesmo?

Então, começo a lista:

1. Sou um homem magnífico.
2. Tenho um dos melhores corações do planeta.

XI

Volto às 18h16. No elevador, me pego esperando que ela tenha ficado. Por qualquer motivo, mesmo que só uma despedida melhor, mas, ao aproximar-me do apartamento, a esperança evapora e eu sei.

Abro a porta e encontro um apartamento escuro. Ela deixou uma vela acesa ao lado da janela. Em outras circunstâncias, eu gostaria do clima. Entro com tudo, apago a vela e grito para o teto. Cada pedaço meu quer explodir.

Então, deito-me no sofá e olho para as paredes em um estupor até pegar no sono. Ao acordar, mudo a tela de fundo do meu celular. Era uma foto dela, olhando para a câmera, rosto inclinado, sorrindo.

Substituo por um lótus se abrindo ao sol da manhã.

Depois, navego sem prestar atenção pelo Twitter até parar em uma foto postada por Dwayne Johnson, The Rock. É de uma de suas infames sessões de exercício da manhã. Suado e sorrindo, ele está dando tudo de si na barra de agachamento com pesos.

É um homem que, aos vinte e poucos anos, foi cortado da Liga Canadense de Futebol Americano. Seus sonhos de seguir para uma carreira na NFL foram esmagados. Naquela longa volta para casa na picape de seu pai, ele abriu a carteira e viu que só tinha sete dólares.

Ficou sentado no apartamento dos pais por duas semanas, sentindo pena de si mesmo. Depois, ele estava pronto. Hora de se reinventar.

Virou lutador profissional, começando do zero, e se dedicou ao máximo. Resultado: uma das carreiras mais bem-sucedidas na luta profissional de todos os tempos. No auge da fama, ele parou para virar ator.

Cada vez que ele se reinventava, usava o mesmo método: se comprometia, apostava tudo. Depois de seus primeiros filmes fracassarem e ele ser descartado, continuou fiel a sua visão.

Hoje, ele é um astro do cinema. Seus filmes sempre quebram recordes no mundo todo. O nome de seu estúdio: Seven Bucks Productions [Produções Sete Pilas].

Passo pelo *feed* dele. Fotos com fãs, fotos no estúdio, fotos se exercitando. Sempre sorrindo. Ele é dedicado à mulher e às filhas. Sua ética profissional é lendária. Ele teve momentos difíceis, mas sempre se levantou.

Leio uma frase dele: "Se eu der a minha palavra de que vou fazer algo, vai ser feito."

É óbvio que isso não se aplica apenas aos outros, ele mantém sua palavra consigo mesmo. Vive em um nível raro de excelência.

Algo que aprendi: para crescer rápido, encontre alguém que admira e imite aquilo que nele o inspira.

A excelência vai ser meu modelo. É isso que quero tirar daqui.

— Seja excelente — digo a mim mesmo, minha voz ecoando no apartamento escuro.

Nesse momento, parece algo muito distante. Mas, pelo menos, tenho o que almejar.

XII

No aeroporto, prestes a despachar minha mala, paraliso. "Não quero ir", implora algo dentro de mim. Não quero ir. Não quero ir. Como uma criancinha, essa coisa implora e implora, aterrorizada. Ao meu redor, passageiros e tripulantes correm para pegar seus voos, vivendo sua vida, dançando sua dança. Nada importa.

Mas o que vou fazer? Correr para casa e suplicar que ela fique? Quando, na história da humanidade, isso funcionou? Além do mais, não quero que ela fique comigo por culpa ou porque implorei, mas porque o coração dela quer o meu. Se eu a amo e ela deseja liberdade, que ela a tenha.

Vivi o bastante para saber que a vida fica desconfortável quando se tenta forçá-la a encaixar-se no molde de seus sonhos. Preciso me remover disso. Seja porque não tenho escolha ou simplesmente porque preciso me salvar.

Despacho a mala e me sento próximo ao portão, esperando o embarque do meu voo.

Nesse momento, sozinho em um aeroporto lotado, lembro-me mais uma vez de como eu era. Da mágica que sentia. Da certeza de ter entendido como a vida funciona. Mas ainda assim, aqui estou, infeliz e não vivendo aquilo sobre o que escrevi. Enojado comigo mesmo por ter caído tanto.

XIII

Quase perco meu voo. Acontece que eles tinham mudado o portão e eu estava em transe durante o anúncio. Quando paro para me perguntar por que ninguém está embarcando, está quase na hora da decolagem.

Checo a tela e ando rápido até o novo portão. Mas não corro. Há uma parte de mim que não se importaria em perder o voo. Seria culpa do universo.

Não tenho essa sorte. Chego lá a tempo, embarco e desmaio em meu assento antes da decolagem. Quando acordo, a asa está atravessando nuvens e a terra lá embaixo está coberta de neve. Desmaio de novo por um tempo e acordo com o som do bebê mais escandaloso do mundo. Ele está rindo, chorando, gritando. O sono acabou.

Penso nela. Sei que podia fugir e me encontrar nos braços de outra. Ou de outras dez. Raramente funciona. Foi isso que aconteceu conosco. Ela tinha terminado um casamento e eu fui a parada seguinte.

— Estatisticamente — disse James ao me ver —, você não tinha muita chance.

Não sou idiota. Sei dessas coisas. Mas as estatísticas nunca guiaram o coração humano.

Eu me apaixonei perdidamente por ela, e ela por mim. Fomos amigos próximos por dois anos, depois ficamos juntos por quase um ano.

— Você é meu grande amor — disse ela. — Pode confiar no meu amor, quero que você relaxe nele.

Tudo isso foi logo antes da minha viagem. Aquela da qual voltei no dia da puxada de tapete. Depois, ela admitiu que talvez eu só representasse segurança para ela.

Olhando para o céu aberto, ainda fico chocado com quão rapidamente algo que parecia tão certo pode desmoronar. O bebê continua rindo.

Fujo para o banheiro. Enquanto estou lavando as mãos, me olho no espelho, bem no fundo dos meus olhos. Quando percebo, estou sussurrando:

— Eu me amo, eu me amo, eu me amo.

Repito de novo e de novo até o pensamento dominar minha mente.

XIV

Quando volto ao meu assento, algo dentro de mim está mais calmo.

Penso na arma do meu amigo. Há tantas formas de sair da história. De desfazer minha vida em um instante. O capitão anuncia a descida. Naquele momento, resolvo que vou fazer a prática do espelho a cada oportunidade que eu tiver.

O avião está perto de pousar. Já não dá mais para voltar ao banheiro. Então, com a mão no coração, olho lá para baixo, para os morros do norte da Califórnia que o inverno deixou marrons, e digo a mim mesmo: *eu me amo, eu me amo, eu me amo.*

XV

Ao pousar, pego um Uber. Sinto-me estranho enquanto o carro atravessa São Francisco. Esta costumava ser minha casa, minhas memórias. Hoje, é um lugar que visito.

Ligo e ela atende. Digo o que sinto. Que a amo completamente. Que a desejo. Que quero criar algo lindo a partir daqui, juntos. Ela está chorando, dizendo que é difícil para ela e que imagina que deve ser mais difícil para mim.

Não respondo. Meu sofrimento só vai piorar o dela. Apenas repito quem ela é para mim e que a desejo. Sem implorar, só a verdade.

— Sinto muito — diz ela —, mas preciso fazer isso.

Não há como argumentar contra isso. E também nunca vou discutir para ela ficar. Quero que ela venha a mim de coração. Ela sabe disso.

— Quero que você se cuide — completa ela.

Quando a conversa termina, olho sem expressão para a baía e o Uber me deixa no apartamento em que vou ficar. Está quase vazio, os moradores se mudaram recentemente. As plantas que deixaram para trás estão mortas. Combina com como me sinto.

Se tento entender os motivos dela, sinto dor. Se penso em onde ela estará no futuro, sinto dor. Se penso em onde eu estava com ela no passado, dor. Se penso em ficar sem ela, adivinha? Mais dor.

O futuro é dor. O passado é dor. Então, devo voltar ao presente e me dar amor. A cada oportunidade.

Paro na janela, olho para a infame ponte cor de ferrugem, coloco a mão no coração e tento desesperadamente amar a mim mesmo da forma como sei. Repito isso a mim mesmo.

XVI

Tomo banho e vou para a festa de aniversário do meu irmão. É o motivo de eu ter vindo a São Francisco. Eu tinha pensado em não vir, cansado de todas as viagens antes desta, mas ela está se mudando e isso lhe dá espaço e me impede de enlouquecer vendo-a arrumar as coisas.

Todo mundo está aqui. Minha mãe brilha de orgulho sempre que está junto a mim e a meu irmão. Os meninos dela.

— Olhe este lugar, mãe — digo, colocando o braço em seu ombro. É uma das casas mais bonitas em que já estive. E ainda me lembro de ser criança e estarmos na rua sem ter para onde ir. — É tudo graças a você.

Antes que pudesse responder, beijo a cabeça dela e me afasto. Se passarmos mais tempo juntos, ela vai sentir minha dor e fazer perguntas. Não quero incomodá-la com isso. Às vezes, acho que uma mãe sente a dor de seu filho mais agudamente do que ele próprio.

Pelo resto da noite, quando alguém me pergunta onde está minha mulher, esquivo e desvio. Para alguns, conto o que está acontecendo, mas não deixo a conversa seguir em frente. Estou firme, com uma cara alegre.

Com uma pessoa, não consigo. Aniela Gregorek. Ela e o marido, Jerzy, fugiram do comunismo na Polônia e estão juntos há mais de quarenta anos. Os dois são treinadores de halterofilismo olímpico que atendem celebridades. Ambos também escrevem poesia, o tipo de verso claro e sincero que vem de quem passou pela opressão e lutou para sobreviver.

— Vejo tristeza em seus olhos — comenta ela.

Quase surto, mas me seguro. É uma festa, não um velório. Conto a ela o que aconteceu. Ela sorri gentilmente e coloca a mão no meu coração.

— Este é seu presente — diz. — Mantenha-o aberto.

Estou dando meu máximo para não cair no choro na frente de todo mundo.

— É difícil — falo — e dói muito.

Ela me puxa para perto e me abraça por um longo tempo. Quando me afasto, os olhos dela estão úmidos.

— Você está escrevendo? — pergunta.

Assinto.

— Ótimo. Ponha isso nas páginas. Vai ajudar outras pessoas.

XVII

Com a festa chegando ao fim, converso com Tabreez, um cara simpático que conheci em outra oportunidade. Ele me conta o que está aprendendo com outros líderes — a forma como vemos a vida.

Primeiro: **a vida acontece comigo.** É assim que vivemos, especialmente quando somos vítimas.

Segundo: **a vida acontece para mim.** Isso muda tudo. Você busca o que de bom a vida está lhe oferecendo, incluindo as lições.

Terceiro: **a vida acontece através de mim.** Quando você flui com a vida e nem precisa buscar o bom, porque o está vivenciando.

O homem saiu do nada e me deu um presente todo embrulhado com um laço brilhante. Eu não podia ter pedido — não tinha ideia do que precisava. Mas aqui está. Um mapa. Do Ponto A ao Ponto B ao Ponto C. Como ir de vítima a mágica. Só preciso mudar minha mentalidade.

XVIII

Acordo na manhã seguinte e olho para a vista. Um petroleiro preguiçosamente atravessando a baía de São Francisco. Céu azul, pássaros por todo canto. A ponte é linda.

Percebo que as plantas que pensei estarem mortas talvez não estejam. Só estão secas e áridas. A natureza lutando para viver. Então, pego o único copo que tenho neste apartamento e molho-as. Enquanto estiver aqui, darei amor a elas.

XIX

Preciso cumprir meu compromisso de me exercitar dia sim, dia não. Então, ligo para as academias locais, encontrando uma que esteja disposta a me vender um passe temporário para o período das festas e vou para lá.

Alex, o responsável pelas matrículas, tenta jogar conversa fora enquanto faz minha inscrição. *Quero um pacote?* Não estou interessado. *Um especial com* personal trainer? Não estou interessado.

— Só quero levantar coisas pesadas, cara — digo a ele.

Ele quer me mostrar onde são as aulas e estúdios.

— Só as coisas pesadas — falo. — Só quero ver isso.

Ele dá o tour mais curto da sua vida. Checo o rack de agachamento e me certifico de que os halteres têm peso suficiente e é isso. Faço a matrícula.

Faço meu treino, mas um pouco diferente, graças a Aniela. Na noite passada, quando contei a ela minha rotina atual apenas de movimentos combinados, ela sugeriu que eu espere mais entre as séries.

— Você não está se esforçando o suficiente se não precisa de muito descanso.

Eu estava acostumado a descansar menos de um minuto. Qualquer coisa além disso me deixava entediado. Eu não estava na academia para ficar sentado. Queria mover o peso, me forçar.

— Isso é resistência — disse ela. — Force mais, descanse por mais tempo, três minutos entre as séries. O corpo precisa descansar para empurrar com força de novo. Isso é potência.

Aquela última parte chamou minha atenção.

— Vou tentar.

Então, tento. E é incrível. Uso pesos mais pesados, de uma forma melhor e, quando termino, meu corpo está diferente de antes. Consigo sentir meus músculos doendo pelo ataque.

Às vezes, é bom saber que você não é só uma cabeça flutuando por aí. É um ser físico. A forma de fazer isso é forçando seu corpo. E mesmo que seja só por alguns minutos, isso o tira de seus pensamentos.

Saio. Está chovendo e há guarda-chuvas por todo lado. Levanto a cabeça para o céu e sinto a água no rosto.

XX

Estive pensando sobre a morte. Que surpresa. O problema da morte é a finitude dela. Uma lâmina afiada que corta a vida, afastando a pessoa que se foi. Não há como falar com ela nem fazer as pazes, nem dizer o que não foi dito. Ela se foi e é isso.

Há um tempo, tentei meditar sobre a morte a cada manhã. Eu tinha lido que os samurais faziam isso, o que os tornava destemidos na batalha. Fiz isso por um tempo, fiquei preguiçoso e desisti. Eu não tinha batalhas para enfrentar. Meus dias eram seguros demais.

Mas me sento no apartamento vazio à noite e percebo que a segurança é uma ilusão. É a maior e mais grandiosa ilusão já criada. Se existe uma coisa que é real, é a morte. Ela está bem à minha frente, a apenas um passo.

A cada momento que vivo, dou um passo na direção dela. A morte sorri e dá um passo para trás. Eu dou um para frente, ela dá um para trás. Eu para frente, a morte para trás, eu para frente, a morte para trás. Passo, passo, passo. E então, dou um passo para a frente e a morte não se mexe. Sou dela.

Olho para a lua. Está enorme hoje, iluminando a baía. Se meu coração parasse nesse momento e eu caísse, a vida se esvaindo de mim e minha visão se estreitando, eu estaria lembrando o dia da puxada de tapete e quanto doeu ou olharia a lua uma última vez e pensaria no quanto é bela?

XXI

Caminhando pela cidade, me deparo com um lugar de crioterapia. Nunca fiz, mas tenho vontade, então entro. De repente, estou de cueca em um tubo cilíndrico cheio de ar resfriado por nitrogênio.

— Como foi? — pergunta o atendente quando saio.

— Não foi ruim — falo. Foram só três minutos. — Mas meu estômago está doendo um pouco.

— É porque o corpo puxa o sangue para seus órgãos. Está tentando sobreviver.

Quando estressamos o corpo, ele reage. Primeiro, ativa o modo de sobrevivência e envia fluxo de sangue aos órgãos vitais. Mas, quando o estresse passa, ele se adapta. Não tem escolha, é feito dessa forma. Levantar pesos na academia é o melhor exemplo. Seus músculos reagem ficando mais fortes. Talvez seja igual com a mente.

A minha está em modo de sobrevivência. Mas, quando se adaptar, vai ficar mais forte e eu serei melhor. Só tenho que continuar trabalhando. Não importa quais pensamentos venham ou o que eu encontre ao voltar depois que ela se mudar, independente de qualquer coisa. Dia a dia. Só preciso mover esse maldito peso.

XXII

Manhã enevoada em São Francisco. Véspera de Natal, ruas quase vazias. Minha mente fica indo para situações hipotéticas. E se eu tivesse agido de tal forma? Ou daquele jeito? E se tivesse feito isso ou aquilo? E se no dia da puxada de tapete eu tivesse sido mais forte, e se, e se?

Isso é veneno, percebo, observando um corredor solitário na garoa. E não há verdade ali. A verdade é: o que existe.

O que existe é o que aconteceu. Não há nada que eu possa fazer. É passado. E o passado está morto. Finalizado. A única pergunta é: quem vou ser hoje? Só isso.

XXIII

Está chovendo forte. Observo das janelas da sala. As árvores em São Francisco ainda estão verdes no inverno. Meus pensamentos estão embolados. Lembro-me do mapa — *para* mim até *através* de mim. Preciso mudar minha mentalidade.

Volto a um hábito: dez respirações para amar a mim mesmo. Cada vez que minha mente se prende ao passado, futuro ou situações hipotéticas, vou fazer dez respirações completas e profundas. A cada inalação, vou dizer: *eu me amo*. Sempre que puder, vou me obrigar a sentir. É isso.

Mas...

Se minha mente gaguejar e voltar ao emaranhado que estava, vou reiniciar a contagem, recomeçar. Mesmo que sejam necessárias dez respirações para chegar a dez ininterruptas, vou fazer isso. Toda vez.

Vou buscar a excelência em meus pensamentos, digo a mim mesmo. Faço isso durante um dia. É difícil, mas faço. À noite, porém, regrido.

A dor é pior à noite. Éramos felizes, nos amávamos. Como isso pode estar acontecendo? Tento voltar a amar a mim mesmo, mas é quase impossível. A dor é real e física no meu peito.

Então, deixo estar. Digo à dor: venha se quiser, eu a enfrentarei. E ela vem. Ela me queima, me retorce e, quando passa, ainda estou aqui. Então, faço as dez respirações.

XXIV

Sim, a puxada de tapete aconteceu. Sim, voei de volta, com o chão se aproximando, sabendo que, quando eu caísse, me despedaçaria. Mas ainda não caí.

Não preciso continuar caindo. Não preciso me despedaçar. É uma escolha.

Lembre-se disto: você é mais poderoso do que suas ilusões.

XXV

Fecho os olhos e sinto o fogo me consumir, queimando tudo o que não é ele.

XXVI

Certa vez, perguntei a um monge como ele encontrou a paz.

— Digo "sim" — ele falou. — A tudo o que acontece, digo "sim".

A última coisa que minha mente quer fazer é dizer "sim". Ela está presa nas situações hipotéticas, no que eu devia ter feito, repassando o passado, às vezes passando uma versão mais forte de mim, outras vezes me mostrando como fui patético.

Minha mente está gritando um NÃO alto para a vida.

Mas preciso dizer "sim". Ao que é. A tudo. Se eu desejar estar em meu poder, não tenho escolha. Senão, vou continuar sendo vítima.

XXVII

Ela me liga na tarde de Natal.

— Acabei de ver sua mensagem — diz.

A mensagem a que está se referindo é uma que enviei de manhã.

"Está difícil, meu amor", eu tinha escrito, "muito, muito difícil".

— Eu vi sua mensagem — ela diz de novo — e me sinto mal.

— Não era minha intenção — falo. — Foi um momento de fraqueza.

— Você está se cuidando?

— Estou sendo eu — respondo. — Estou escrevendo, me exercitando, olhando para o céu e pensando.

Um pouco de conversa furada depois, ela diz:

— Há uma parte de mim que quer passar meu tempo amando você, mas sinto que estou fazendo o certo. Preciso de tempo e de espaço.

— Então, tenho que apoiar — falo. — Eu te amo. Então, só posso dar o que você precisa.

Estou percebendo que isso também é difícil para ela. Não é preciso criar histórias sobre ela que não são úteis a nenhum de nós. Não vou depreciar o amor que tivemos. Vou só ser quem sou. E enquanto isso, se ela for incapaz de me amar ou me salvar, vou salvar a mim mesmo. Vou amar a mim mesmo.

XXVIII

Então, viver para si mesmo. Como chegar lá?

Decidindo que não é uma folha aleatória voando no vento do outono. Há um padrão nas coisas, algo maior do que nós mesmos. Não importa se temos prova ou não, decidimos que é assim que as coisas são.

Depois, buscamos o que está funcionando, o que temos, o que devíamos agradecer se não estivéssemos tão presos em nossa mente. Não importa se é algo grande ou pequeno. O ato nos desloca do que perdemos para o que temos e o que estamos ganhando.

Faço isso. Listo tudo o que tenho.

Os desejos de feliz Natal em meu telefone de tanta gente que me ama. Depois, o que estou ganhando. Estou concentrando em meu corpo e mente de uma forma que não fazia há muito tempo. Caramba, todos esses dias sem apetite deixaram minha barriga na melhor forma que já esteve em anos.

De repente, dou risada. Estou reclamando há meses sobre precisar de um retiro de escrita. Mas não sabia para onde ir nem sobre o que escrever. Bem, problema resolvido.

Há coisas boas acontecendo aqui. Não tenho certeza de para onde tudo está indo, o que dificulta, e é aí que entra a confiança na vida. Só levante o peso.

Sentindo-me um pouco melhor, caminho até a marina. A academia está fechada e preciso mexer meu corpo. Então, faço arrancadas de corrida. Não faço isso há anos. Esforço-me tanto que vários corredores param para me ver passando.

Ao terminar, sem fôlego, observo o pôr do sol na ponte. Finalmente, solto a única palavra que vem: obrigado.

Repito-a ao que quer que seja o "maior do que eu". Obrigado. Obrigado. Obrigado.

XIX

As manhãs são difíceis. Acordo com a dura realidade do que está acontecendo e minha mente imediatamente pula para situações hipotéticas. Então, vou para as dez respirações. Faço-as com desespero.

Quando mamíferos respiram, eles inspiram o oxigênio que lhes dá a vida e liberam o dióxido de carbono tóxico. E é isso que eu estou fazendo. A cada inspiração, digo a mim mesmo: *eu me amo*. A cada expiração, libero o que está dentro.

Comecei a imaginar a luz fluindo para dentro de mim vinda de cima a cada inspiração.

A morte é a única coisa em que penso. Lá está ela, me chamando com aquele dedo ossudo. Respiração a respiração, dou um passo à frente. Ela dá um passo atrás. Só há uma garantia: em algum momento, uma respiração será a última.

Nesta manhã, olhando a baía, espero que seja uma respiração de amor.

XXX

A marca registrada de uma vítima é falar sobre si mesma. "Isso aconteceu comigo." "Ela fez isso comigo." E assim por diante.

E ela? Todo mundo tem suas razões e suas dores, conhecidas e desconhecidas. Isso também está acontecendo com ela. Quem estou sendo com ela é o que estou fazendo com ela. E quem estou sendo comigo é o que estou fazendo comigo.

Depende de mim acabar com essa situação. Não posso controlar nem ser responsável pela mente e ações de outra pessoa. Só pelas minhas. Então, preciso trabalhar em mim mesmo. Tenho o mapa.

Em vez de algo acontecer comigo, penso da seguinte forma: *eu* aconteço com *algo*.

Escolho quem sou. Escolho partir de um lugar de poder. De um lugar de amar a mim mesmo verdadeira e profundamente. Isso está acontecendo. Veja no que resulta.

XXXI

Começo a meditar, algo que não faço para valer há mais de um ano. Coloco uma música que faz com que eu me sinta bem. A cada respiração, sinto a luz entrando em meu corpo vinda de cima e digo a mim mesmo: *eu me amo*. Então, expiro o que precisa sair. Todo o dióxido de carbono da mente.

A mente vaga, é claro, mas a música se torna a âncora, sutilmente me lembrando do que estou fazendo e, ao chegar perto do fim dela, de que o tempo está acabando. Isso naturalmente relaxa minha mente. Ela também quer desesperadamente essa paz.

Essa meditação me centra mais do que qualquer outra coisa. É especial, feita por mim, puramente para mim.

XXXII

Meu pai batia em minha mãe e, quando eu tentava impedi-lo, ele se virava contra mim até meu rosto sangrar e ela implorar que ele parasse. Depois de o deixarmos, fui abusado. *Bullying*? Posso escrever um livro.

Tudo isso me tornou vítima? Talvez.

Mas não sou mais criança. E um adulto só tem duas escolhas: vítima ou herói.

Há muito tempo, escolhi a última opção. Entrei para o Exército, fortaleci meu corpo, aprendi artes marciais. Minha infância me moldou no homem ferozmente leal que sou. Deu-me a sensibilidade e a profundidade para escrever os livros que escrevo.

Tenho muito orgulho daquele menino que sobreviveu e virou este homem. Ele pegou o que aconteceu e criou coisas boas. Virou o herói da história.

É hora de avançar, fazer a escolha de novo. Ser o herói desta história.

XXXIII

Se uma pessoa ou situação sai da sua vida, isso não muda quem você é. Só você se conhece. E se está infeliz com algum aspecto de sua vida, use essa energia emocional. Torça cada fibra. Isso já não acontece mais com você. *Você acontece com aquilo.*

Queime e vire uma fênix. Aposte tudo. Torne-se excelente.

Ou, como comecei a me perguntar ultimamente: o que The Rock faria?

XXXIV

As dez respirações estão se tornando mais naturais. Começo a sentir-me melhor. Sempre que passo por um espelho, seja no banheiro ou na academia, vou até ele e olho nos meus olhos, sentindo amor por mim mesmo. Estou até mais alto, com a cabeça erguida.

Mas não o tempo todo. Situações hipotéticas passam por mim repetidamente. São minhas inseguranças aparecendo, vestidas como projeção dela sem mim. Dizendo-me que não fui bom o bastante.

Medos, todos eles. Cobras projetadas pela alucinação penduradas no teto.

Não são úteis, digo a mim mesmo. Não são reais. A única coisa que é real é o que está acontecendo. E o que está acontecendo é que estou apostando tudo em me tornar excelente. E não importa para onde ela vá, vai ficar sem meu eu excelente.

Pelo menos, meu senso de humor está começando a voltar.

Mas embora eu quase consiga imaginar um futuro onde continuarei me tornando melhor, há um obstáculo à frente. Quando as coisas ficarem boas, eu me sentirei confortável e ficarei relaxado. Fiz isso muitas vezes na vida.

Desta vez, não. A excelência não relaxa.

Minha maior força é minha crença no poder do comprometimento. Todas as conquistas substanciais de minha vida são resultado disso. No fim, terei de usá-lo aqui.

XXXV

Um amigo me manda uma mensagem sugerindo uma viagem só com homens em janeiro. Sei o que isso significa: festas e mulheres. Então, me pergunto: se eu me amasse, o que faria?

A resposta é clara. Distrações alimentam o vazio e meu coração precisa se curar. Recuso.

Essa pergunta volta a mim durante a meditação e começo a usá-la regularmente. A melhor parte é o *se*. É perfeito para aqueles momentos em que não estou exatamente amando a mim mesmo. Mesmo assim, consigo a resposta que teria se me amasse.

Tão simples. Tão eficaz. As melhores coisas são assim.

XXXVI

Um pensamento passa por mim: preciso disso.

Eu estive à deriva por muito tempo, não me esforçando, basicamente relaxado. Não mais. É como se eu tivesse acordado com um tapa. Sinto-me à flor da pele e real de uma maneira que nunca senti antes. Cada dia é marcado por um foco intenso no amor por mim mesmo. Em ser excelente.

O pensamento não dura muito. Mesmo assim, é ótimo.

XXXVII

A mente só consegue segurar um pensamento por vez. E cada vez que repito um pensamento com emoção, eu o reforço, aumentando a chance de ele voltar. Então, meus pensamentos e minhas emoções futuras dependem de mim. Estou criando o caminho para eles neste momento.

Inclino meu rosto para o sol, fecho os olhos e sinto a luz limpar tudo o que é escuridão. E a todo tempo, digo a mim mesmo: *eu me amo. Eu me amo. Eu me amo.*

Por que luz? Porque luz é vida. Pergunte para qualquer planta.

Mesmo à noite ou durante a meditação, sinto a luz. Imagino estrelas e galáxias fluindo para mim e por mim. A luz sempre está disponível. Está se tornando uma parte essencial de amar a mim mesmo.

Meu nome, na língua em que foi dado, significa Lótus. Uma flor que cresce na lama e se abre para a luz. E então, segundo as histórias antigas, Deus descansa nas pétalas.

A luz me abre, me cura, me liberta. Só preciso recebê-la.

XXXVIII

Manhã. O alarme toca. Saio de um sonho, com a mente já começando sua rotina de dor e hipóteses, e eu faço as dez respirações. Lenta e profundamente. Em vez da mente criar caos, estou impondo minha vontade sobre ela. Estou no controle, abrindo os caminhos, aprofundando os canais. Isso é a excelência em meus pensamentos.

Depois, pego um café e medito. Isso me abre à luz mais do que qualquer outra coisa. Quando a música acaba, algo dentro de mim foi apaziguado.

O resto do dia segue momento a momento. Escrevo com uma energia que nunca tive antes. Quando vou à academia ou corro, me esforço mais e descanso durante um intervalo maior. Isso faz com que eu me sinta um animal físico.

Onde a cabeça vai, o corpo segue. Mas vice-versa também. Há uma solução aqui.

XXXIX

Um amigo me manda uma mensagem aleatória. Não nos falamos há meses.

"Como está sua saúde?"

Seis meses atrás, contei a ele uma versão resumida de um problema que eu estava passando — uma concussão que resultou em meses de dor debilitante e depois dores de cabeça recorrentes. Nada mais que isso, meu ego me impediu de ir mais fundo.

Mas se alguma coisa precisava acabar, era meu ego. Ele me impedia de ser real. Me impedia de aceitar a ajuda que a vida oferece. Ligo e conto tudo para ele.

— Engraçado — diz ele quando termino. — Hoje de manhã, pensei em como você pode melhorar isso. Foi por isso que mandei a mensagem.

Ele é um mestre em otimizar a própria saúde. Vejo uma luz no fim do túnel.

— Vou ajudar — fala. — Vamos pegar todos os resultados dos exames e criar um plano. Semana a semana. O bom é que sei que você vai implementar de verdade.

Ele conhece minha crença no poder do comprometimento. Quando estou dentro, vou com tudo. É ao mesmo tempo uma vantagem e uma desvantagem nos relacionamentos, como estou aprendendo. É preciso que as pessoas mereçam minha lealdade, em vez de apenas recebê-la porque as amo. Mas os relacionamentos que fiquem para lá. Ela que fique para lá. Ela não vai me salvar. Eu vou.

XL

Estou bravo? É claro que estou. Com ela. Com o que aconteceu. Comigo. Com a vida.

Por que você não podia me deixar ser feliz?, interpelo a vida mentalmente. *Por que não me fez crescer assim quando estávamos juntos?* Ou a questão que mais me atormenta: *como isso pode ter acontecido?*

A vida não responde. Ou talvez responda e eu esteja gritando alto demais para ouvir.

A raiva só me destrói. Então, sempre que sinto raiva ou desespero — e há momentos ao longo do dia —, volto às dez respirações.

Além do mais, não posso deixar que isso diminua quem sou. Sou um homem amoroso e de coração aberto, e é isso. Nisso, há poder. E não importa o que aconteça, não vou desvalorizar meu amor por ela racionalizando-o. O amor é o que é. Continuar amando a pessoa que o magoou exige força. Há zero fraqueza nisso.

Sempre que a raiva ou a dor vierem, deixarei que me tomem e, ao passarem, ainda estarei aqui, de pé. Sendo eu. Depois, vou me deslocar para a luz.

XLI

Vou ver Jerzy e treinar com ele. É outro nível, levantamento de peso olímpico. O poder, neste caso, é a maior quantidade de esforço que você consegue fazer no tempo mais curto. Arremessos e arrancos exigem tudo de seu corpo. Essa potência transforma o corpo. Consigo sentir meus sistemas internos acordando, conectando-se.

Com a mente, é a mesma coisa. Eu poderia dividir o que estou fazendo para amar a mim mesmo em vários meses. Um pouco aqui, um pouco ali ou só quando sinto vontade, ou tenho força. Mas isso é tolerância. E quem quer apenas tolerar a vida?

Além disso, não causaria esse progresso que estou sentindo. Sei em meu âmago. A mesma solução se aplica para corpo e mente: mergulhar de cabeça, dar tudo de si.

— Vou contar minha filosofia — diz Jerzy após o treino. — Uma palavra: melhorar.

Isso ressoa com o momento em que estou.

— Se quiser saber a filosofia de alguém — ele fala —, olhe para a vida da pessoa. Estamos todos vivendo nossa filosofia. Nossa vida é o resultado.

XLII

Se eu pudesse flutuar acima da Terra e assistir ao desdobramento da história, a todo o drama humano do passado ao presente girando, e depois aproximar até o meu eu físico, sentado lá com dor, o que eu diria?

Será que eu diria: "Vá em frente, sofra mesmo"? Duvido.

Eu seria gentil comigo mesmo. Olharia nos meus olhos com um amor profundo e diria: "Não tem problema. Desapegue. Deseje o melhor para ela, deseje o bem e desapegue. Esteja na luz e confie na vida."

XLIII

Depois de fugirem da Polônia, Jerzy e Aniela pousaram em Nova York praticamente sem dinheiro. No primeiro dia, a bagagem deles foi roubada. Mas eles tinham suas prioridades. Precisavam encontrar uma academia e ir treinar.

Foram até o Exército da Salvação, acharam roupas, mas o único par de tênis que coube em Jerzy era rosa-choque.

— Custava um dólar — ele conta, rindo. — Não tive escolha. Precisei comprá-lo.

Na academia, a barra estava ocupada por dois homens grandes, ambos levantando muito peso. Mas a forma deles estava errada. As costas estavam curvadas, mal aguentando a carga.

Tentando ajudar, Jerzy foi até eles e disse o que precisavam fazer para corrigir a postura. Eles o olharam, depois checaram seu tênis rosa-choque e começaram a rir.

— Então, fazer o quê? — diz ele. — Às vezes, não adianta falar. Você precisa mostrar.

Ele pegou a barra cheia de pesos e fez três arrancos perfeitos. O mesmo peso que os estava fazendo se curvarem. Depois disso, sempre que viam Jerzy, eram seus melhores amigos.

Lição um: nunca julgue um homem por seus sapatos.

Lição dois: se duvidarem de você, simplesmente seja excelente.

XLIV

Num momento de fraqueza, mando mensagem para ela. Ela responde. Blá, blá, blá você merece o melhor blá, blá, blá.

Fico olhando por um momento, ainda chocado por, depois de tudo que compartilhamos, ela ser capaz de mudar de atitude tão rápido. Mas isso é coisa dela, não minha. Eu vou ser eu.

Pego a lista que comecei. Não adicionei nada, exceto um comentário de um amigo.

Adiciono o dela.

1. Sou um homem magnífico.
2. Tenho um dos melhores corações do planeta.
3. Estou ótimo.
4. Mereço o melhor.

Esse cara está começando a parecer excelente.

XLV

Estou jantando com a família em um lugar que serve *shabu-shabu* na Lombard Street. É comemoração de cem dias do nascimento do meu sobrinho. Ele está dormindo profundamente num *sling* no peito da mãe. Seu irmão mais velho está sentando ao meu lado, batendo em seu iPad com os pauzinhos.

— Nascer é uma coisa terrível — diz meu irmão. — Você está lá, tranquilo e confortável no útero, com todas as suas necessidades supridas. Às vezes, se mexe. Às vezes, há música. Você tem toda a comida que quer e, de repente, as paredes começam a se estreitar e a água acaba. Acaba. E você é apertado e empurrado para fora e tem um monte de luz e barulho...

— E batem em você — completo.

— Batem em você. Você estava todo perfeito e contente, e agora estão batendo em você.

Todo mundo está rindo. Ele está ótimo hoje.

— Ninguém quer nascer — comenta ele, olhando bem para mim. — Você precisa ser empurrado para fora.

O homenageado de cem dias acorda, chamando a atenção de todos.

Meu irmão volta sua atenção para mim.

— Joe vai se mudar para Los Angeles.

Joe é um amigo meio esotérico do meu irmão. Sempre para cima e positivo.

— Ele vai gostar — digo. São Francisco deixou de ser o bastião do amor e da abertura há muito tempo. O sul da Califórnia é o lugar certo para isso atualmente.

— É — ele concorda. — Você ficaria surpreso, ele é muito inteligente. Adivinha qual é a experiência profissional dele?

— Física de partículas — digo. Provavelmente é a coisa mais bizarra em que consigo pensar.

— Ele foi da máfia em Nova Jersey.

— Você está falando sério? Joe?

— Quando tinha 19 anos. Tinha um cargo baixo, vivia entrando e saindo da prisão, mas notaram que ele era inteligente, então disseram que iam mandá-lo para a faculdade de direito e, quando ele saísse, seria advogado da máfia.

— Uma profissão para a vida toda — falo, rindo. — Não dá para se demitir desse cargo.

— E aí ele engravidou uma menina. Ela decidiu ficar com o bebê. Aí, a criança nasceu e ele achou que a vida tinha acabado. Ele precisava mudar, não podia ter um filho cujo pai estivesse na cadeia, então, saiu da máfia.

É uma história e tanto. Não consigo imaginar Joe nem atravessando fora da faixa, quanto mais na máfia.

— Às vezes — diz meu irmão — o que você acha que é a pior coisa que podia acontecer acaba sendo a melhor de todas.

XLVI

Não estou feliz. Não estou sorrindo. Aliás, frequentemente estou infeliz sentindo falta dela. Mas estou melhor. Não há como negar. Só se passaram algumas semanas, mas sinto que uma vida toda de lama foi lavada. Sinto-me real pela primeira vez em muito tempo.

Em alguns momentos, me pergunto se a vida não me fez um favor. Com certeza, não estou mais dormindo. Tenho um foco intenso em amar a mim mesmo. Minha escrita está fluindo. Meus treinos estão fora de série.

The Rock aprovaria.

XLVII

Estou pegando fogo porque estou em modo de sobrevivência. Uma hora, vou perder o impulso e começar a relaxar. É a natureza humana. É minha natureza. E não importa quanto progresso eu esteja fazendo, ainda estou na segunda divisão. Em breve, vai chegar a hora de passar para a primeira.

Como chegar lá? Comprometimento.

XLVIII

Uma das melhores coisas na meditação é que as epifanias vêm. Respostas a perguntas que eu nem sabia que tinha. Esta é uma que me veio hoje de manhã:

O amor que tenho por ela é puro e belo. É hora de dar esse amor a mim mesmo.

É preciso tomar cuidado com essas epifanias. A mente é traiçoeira, entra pela porta dos fundos. O que pode parecer uma resposta pode ser apenas a mente fazendo o que quer. Portanto, aqui está a solução. Pergunte-se: isto é medo ou amor?

Se for medo, você sabe a resposta. Não é real, não é útil, é uma cobra projetada pela alucinação.

Se for amor, aplique.

XLIX

Notei que as coisas estão começando a simplesmente funcionar. Lidando com problemas de saúde? A pessoa certa manda uma mensagem do nada oferecendo ajuda. Um encontro salva um investimento que, de outra forma, eu teria perdido. E assim por diante.

Coincidências? Claro. Sincronias? Por que não? Mas veja só: decidi acreditar que não sou uma folha solitária ao vento. Faço parte de algo maior que eu. Se é assim, então isso não deveria me surpreender nem um pouco.

Quando você ama a si mesmo, a vida também o ama.

L

Não tomei uma gota de álcool. Meu consumo de
mídias sociais é insignificante. Zero conversas furadas.
Depressores, todos eles. Dióxido de carbono da mente.

Pascal certa vez disse que os problemas da humanidade
vêm da incapacidade do homem de sentar-se em silêncio
sozinho em um quarto. Bom, vamos lá, cara. Eu consigo.

Enfrentar o fogo retira todo o resto. O que sobra é o eu real.
E, por mais que minha mente queira se distrair, não vou
deixar. Isto é importante demais. Eu sou importante demais.

O pensamento de que sou importante demais me pega de
surpresa. Só alguém que se ama pensaria isso. Pela primeira
vez no que parece uma eternidade, sorrio.

LI

Estou amando a mim mesmo com uma intensidade
desesperada. Para salvar-me. Para sair da dor. Para desviar
de memórias e projeções sobre ela. Mas e se em vez de um
meio para um fim, amar a mim mesmo for o próprio fim?

Isso nunca teria me ocorrido quando comecei. E mesmo
se tivesse, eu não estaria pronto. Mas talvez haja camadas
de amor-próprio e eu tenha de passar por cada uma para

chegar à próxima. Como um videogame em que você passa de fase.

Assim, decido que vou amar a mim mesmo puramente por mim. Não para sobreviver. Não para me curar. E não por ela.

Vou amar a mim mesmo porque sou digno de meu próprio amor.

LII

Véspera de Ano-Novo. Saio para uma caminhada. É uma noite tempestuosa em São Francisco. Quando a caminhada está chegando ao fim e viro a esquina para o apartamento, vejo um casal mais velho tirando fotos um do outro. Ele está vestindo uma parca. Ela, uma saia preta brilhante, elegantíssima.

— Querem uma foto juntos? — pergunto.

Ela abre um sorriso enorme.

— Sim. Seria ótimo.

Ela me entrega o telefone e se aconchega a ele. Eles se abraçam à maneira de amantes de longa data. Uma familiaridade doce. Tiro quatro fotos e, na última, digo:

— Mostrem o amor um para o outro.

Ele a beija. Ela está radiante. Devolvo o telefone. Eles me agradecem e me desejam um feliz ano-novo. Começo a me afastar, mas, por algum motivo, paro.

— Estou no meio de um término — falo. O vento joga cabelos grisalhos nos meus olhos. — E é... é muito bom ver amor. Então, obrigado.

A mulher coloca a mão no coração.

— Ah... — diz, com muita gentileza. — Vamos rezar por você.

— Obrigado. — Aceito toda a ajuda que conseguir.

Volto ao apartamento escuro e vou direto para meu notebook escrever isto.

LIII

Primeiro dia do ano. Há um ano, me fiz perguntas específicas sobre o que queria e escrevi as respostas. Olhando em retrospecto, a maioria delas se realizou. É o poder de decidir o que se quer e afirmar claramente.

Estou começando a me lembrar de que a vida começa de dentro para fora. Se eu focar no que está dentro, o resto vai se resolver. Então, neste ano, vou fazer algo diferente. Em vez de objetivos a alcançar, vou decidir quem quero ser. E, depois, afirmar claramente.

Pergunto-me: *se eu me amasse verdadeira e profundamente, quem eu seria?*

A resposta é clara: eu seria excelente.

Então, pergunto-me: *o que seria preciso para isso?*

De novo, resposta clara: amar a mim mesmo intensamente.

LIV

Teste isto por um momento.

Um: seus pensamentos e emoções criam seu estado interior.

Dois: seu estado interior influencia seu estado exterior.

Três: seu estado exterior afeta sua vida.

Então, se um leva a dois, que leva a três: seus pensamentos e emoções afetam diretamente sua vida.

Vamos voltar o relógio e ver como isso funcionou para mim. Após a concussão, eu estava vivendo a vida com o objetivo de me proteger. Sem me dedicar a nada. Sendo levado pelos acontecimentos, em vez de acontecer a eles.

Se esse é meu estado interior, como ficará minha vida?

Se eu fosse brutalmente honesto — e devo ser, é um presente a mim mesmo —, eu me sentia impotente desde o acidente. Então, como isso afetaria minha vida. As sementes crescem onde são plantadas.

Qual é a lição aqui?

Fazer o necessário para me sentir poderoso de dentro para fora. Para me sentir no controle. Para sentir que eu aconteço às coisas. Decidir que eu, e somente eu, sou responsável por meus sentimentos, minhas emoções e, no fim, minha vida. Cada parte dela.

O que quer que tenha acontecido aconteceu, e é isso. Hora de plantar novas sementes.

LV

Então, como plantar novas sementes? Simples. Começando pela fundação: meus pensamentos e emoções. Raiva, dor, ciúme, qualquer forma de medo — tudo escuridão. Amor por mim mesmo, luz. Seja *claro assim*. Não há espaço para meio-termo.

Deslocar-me para a luz a cada momento. Fazer-me senti-la. De novo e de novo. Já estou fazendo, mas intensifico. Não apenas estou plantando sementes, mas dando a elas o alimento de que precisam.

Amar a mim mesmo é poder. Mas não é algo que se faz uma vez só. Assim como exercícios físicos, precisa ser feito de forma consistente, talvez enquanto eu estiver vivo. Mas e daí? Se essa é a solução, é muito boa. Sou digno da mágica que vai resultar.

LVI

Hora de tomar as rédeas da minha saúde. O amigo que mandou a mensagem está montando um programa para mim. Mas, em vez de esperar, vou visitar Matt Cook, o melhor profissional de medicina regenerativa do país. De todos os que consultei no ano passado, só ele me trouxe resultados.

Analisamos os exames, que mostram que melhorei desde a última vez que o vi. Mais importante, meu estado mental é proativo, em vez de reativo. Isso ajuda com a cura.

Enquanto estou lá, acabo conversando com Lisa, uma enfermeira gentil que trabalha muito para garantir que todos os pacientes estejam confortáveis. Mas há dor em seus olhos. O filho dela morreu de overdose de heroína há alguns meses.

Nem consigo imaginar a dor dela. Seria como um incêndio florestal, em comparação ao meu palito de fósforo. Mas também me lembra de algo: todo mundo conhece a dor. Ela pode vir de formas diferentes ou em momentos diferentes. Mas vem. É uma parte fundamental da experiência humana.

A dor não me torna único. Ela me torna humano. E não importa pelo que eu esteja passando, não estou sozinho. Muitos antes de mim passaram por isso. Como disse o poeta romano: "Sou humano, e nada que é humano me é estranho."

Surpreendendo a mim mesmo, conto a ela pelo que estou passando, até as fantasias com a arma do meu amigo. Ela prende a respiração e me mostra o braço: arrepiado.

— Já não me sinto mais assim — digo a ela. — Esses pensamentos passaram.

Ela me dá um abraço longo e apertado.

Os pensamentos me assustaram quando vieram. Lidei com as coisas e descobri que eles já eram passado para mim. Mas talvez pensamentos suicidas não sejam diferentes de um vício. É possível deixá-los para trás, mas, se tropeçar em um lixão cheio de drogas, a tentação vai aparecer.

A solução é criar novos canais tão poderosos que, mesmo que antigos padrões emerjam, estejam enfraquecidos. Não durem muito. E os novos canais garantirão que você não use a maldita agulha.

LVII

Passo um tempo com Barb, gerente do consultório de Matt. É uma mulher sábia que fez vários transplantes de órgãos e superou todas as previsões dos médicos para viver uma vida ativa e saudável. Também é profissional de Qi Gong e me oferece uma sessão. Aceito. Alguém que se ama aceita a ajuda oferecida.

Deito-me em uma maca de massagem enquanto ela trabalha em mim. Fecho os olhos e viajo. Em algum lugar naquele espaço entre sono e despertar, sinto que acabei de morrer e vou conhecer Deus. Ele é uma luz brilhante em um espaço vasto e vazio. Chego mais perto da luz.

— Como foi a vida? — pergunta Deus.

— Bem boa — digo. — Obrigado. — Estou sendo sincero.

— Não é suficiente — diz Deus.

A luz se transforma em uma parede brilhante de tijolos que vai até o céu, bloqueando meu caminho.

— Vá viver uma vida ótima — fala Deus.

LVIII

Sonhos têm um jeito de iluminar a exata profundidade do buraco. Depois do dia da puxada de tapete, tive o primeiro pesadelo de minha vida. Eu estava sendo torturado por um carrasco desconhecido enquanto as pessoas se reuniam para assistir. Acordei sem ar e falando alto:

— Como isso pode ter acontecido?

Se eu estivesse escrevendo esta história como ficção, rotularia o sonho como dramático demais.

— Ah, não — diria, ao cortá-la na edição —, definitivamente, é clichê.

Mas o subconsciente nos encontra onde quer que estejamos.

Antes, eu costumava me orgulhar do fato de nunca ter pesadelos. Já era. Aparentemente, todo mundo tem um ponto em que sua trava de segurança se abre. Essa desilusão amorosa foi o meu.

Mas mesmo nessa teia há fios de ouro. Eu a amei. Eu realmente a amei.

Certa vez, disse a ela:

— Eu não te amo só hoje. Eu te amo daqui a trinta anos.

Eu a amei de dentro para fora. Isso, eu sabia em meu âmago. Tenho orgulho de ser um homem capaz de amar sua mulher tão profundamente.

Lentamente, acordo e digo a Barb que morri em meu sonho.

— Então, este é seu renascimento — ela fala.

Os sonhos podem mostrar que você está caindo. Mas também mostram quando você está subindo.

LIX

É noite. Sento-me na sala escura e olho pela janela. Oakland brilha do outro lado da baía. Na maioria das noites, navios de carga passam iluminados como árvores de Natal. Hoje, não há movimento.

Coloco a mão no coração e digo a mim mesmo baixinho: *eu te amo. Eu te amo. Eu te amo. Eu te amo.*

Estou falando comigo mesmo, é claro, mas há outra camada. Meu eu atual está falando com um eu mais jovem.

Fiz um exercício, há muito tempo, em que imaginei voltar à criança que foi abusada. Em uma versão, eu a salvava e arrancava a cabeça do abusador. Literalmente. Em outra, eu ia à criança escondida de vergonha, a abraçava e prometia que ia protegê-la.

Criei várias versões, mas, em todas, eu era o homem que me tornei voltando para salvar o menino. Essencialmente, dizendo a ele: "Estou com você. Não vou deixar ninguém o machucar."

Fiz isso com outras partes de minha infância, outras memórias. Todos esses exercícios ajudam. Mas aprendi que não são pontuais, fixos e acabados. A psique tem nuances demais.

Preciso reforçar qualquer cura vivenciada por mim. Torná-la uma prática consciente. Ou, melhor ainda, incluir em uma única prática que cubra tudo. Isso é o amor.

LX

Há algo que preciso fazer e venho adiando. Tudo bem, porque eu estava em modo de sobrevivência. Como o corpo levando o sangue das extremidades aos órgãos vitais.

Mas, para seguir ao nível seguinte, preciso fazer isto: me perdoar.

Por todas as maneiras nas quais falhei, por todas as maneiras como podia ter sido melhor, por todos os erros que cometi, por tudo que estou usando contra mim mesmo. É hora de largar o peso, deixá-lo ir.

Então, faço isso. Pego um caderno e escrevo frase por frase o que quer que venha. Começo cada uma com: "Eu me perdoo por...". Faço isso até não sobrar nada. Então, leio em voz alta para mim mesmo várias vezes, sentindo o peso do que venho carregando.

Ao terminar, amarro minhas botas e vou até o gramado da marina. Lá, sento nos degraus que levam à água e continuo a lista. O que me surpreende é que, dos eventos recentes, vem mais do que só aquilo pelo que estou me culpando. Afinal, havia uma camada mais profunda. Mas eu precisei passar por isto para descobrir.

Termino com estas frases: "Eu me perdoo porque amo a mim mesmo. Eu me perdoo porque mereço amor e alegria, e compaixão, e uma vida magnífica. Eu me perdoo porque a vida me ama."

Leio tudo em voz alta até algo dentro de mim mudar e eu saber que terminou. Rasgo a folha. Então, pulo até as pedras, encontro uma que chama minha atenção e embrulho o papel ao redor dela com uma máscara de dormir que ganhei em um voo. O pacote todo parece pesado e sólido em minhas mãos.

Olho para a baía. A ponte Golden Gate à esquerda, Alcatraz à direita. A infame ilha da prisão brilha sob o pôr do sol. Mas a maior prisão já criada não foi construída com pedra e cimento. É a mente.

Jogo o pacote na água, observo-o submergir, e ele some. Simplesmente some. Então, faço as dez respirações. Mas, em vez do de sempre, digo "obrigado" a cada respiração e sinto a luz naturalmente vindo de cima. Algo mudou. Em vez de tentar fazer a luz entrar, eu a estou recebendo.

Afasto-me, batendo as botas de propósito na calçada.

LXI

Terei de fazer esse exercício no futuro muitas vezes. A natureza de ser humano significa que provavelmente vou ficar aquém de quem posso ser. Mas tudo bem. Quanto mais amar a mim mesmo, menos lama vou acumular. Menos coisas vou ter para desapegar.

Pense em si mesmo como um broto que rompe a terra e cresce, depois estagna. Então cresce e, por fim, estagna de novo. O padrão se repete. É amando a si mesmo que você cresce. É perdoando a si mesmo que você supera os períodos de estagnação. Você cresce e melhora, chegando mais perto da luz. Do seu melhor eu.

LXII

Em frente à academia, ligo para um amigo em Nova York. A última vez que conversamos foi o dia seguinte à puxada de tapete. Eu o atualizo sobre o que venho fazendo, esse foco obsessivo em amar a mim mesmo.

— É uma loucura — diz ele. — Você parece muito diferente. Quanto tempo faz?

Preciso pensar bem. Parece uma vida.

— Umas três semanas.

— Sua voz está diferente. É como se você estivesse poderoso ou algo assim.

— Que engraçado. Poder é uma palavra que tem sido um foco ultimamente.

— Conversando com você, é como se você estivesse irradiando isso.

Eu não iria tão longe, mas é um pensamento simpático.

— Ainda é difícil, cara. Um dia após o outro.

— Hmm — diz ele, e então fica em silêncio por um instante.
— Se você estivesse assim quando ela fez aquilo, o que teria
feito?

Nem preciso pensar.

— Diria que mereço algo melhor e que precisamos
consertar isso juntos. Porque ainda nos amamos. Devemos
isso ao que temos. Mas se ela não quisesse, então eu a
deixaria ir. Com amor. Sou um homem incrível e a escolha
dela é coisa dela. Não minha.

Agora, sou eu que fico em silêncio.

— E com certeza não deixaria isso criar nem disparar
inseguranças. Focaria em quem sou e seria exatamente
isso.

— Me parece bem poderoso.

— É como se eu tivesse acordado com um tapa na cara
— conto. — Como se toda essa lama tivesse sido lavada.
Minhas dores de cabeça sumiram. Estou sendo proativo
com minha saúde, fazendo o que for preciso e melhorando
rápido. Sinto essa melhoria no meu corpo.

— Isso é amar a si mesmo.

Desligo o telefone e observo o tráfego passando. Sim, estou amando a mim mesmo. Sim, estou começando a sentir meu poder. E tudo isso é bom. Mas está tingido de tristeza. Sinto falta da forma como ela relaxava em meus braços quando eu a abraçava. Sinto falta daqueles momentos simples de amá-la. E de senti-la me amando.

Deixo a saudade me dominar. Permitir esse sentimento também é amar a mim mesmo. Então, entro na academia e dou tudo de mim nos pesos.

LXIII

Acordo com o pensamento: *o que será que vou vivenciar de bom hoje?*

Ele surge do nada. Só um entendimento sutil de que é nisso que a vida está se transformando para mim.

LXIV

O que tornou essa coisa toda mais difícil foi que fui pego de surpresa.

Talvez ela tenha me dito e eu não tenha escutado. Ou ela só tenha chegado à gota d'água. Ou talvez realmente tenha vindo do nada. O que quer que tenha sido, é isso, e aqui estou, mais uma manhã, olhando a baía pela janela.

Nuvens cinzentas se movem rápido, a água está um verde quase azulado. Mastros de barcos à vela atracados balançam muito ao vento. Penso de novo na morte, a maior quebra. Aquela que pega muitos de surpresa. Mas lá está ela, clara como o dia, parada a minha frente, esperando minha próxima respiração.

Talvez a morte seja o maior presente que tenho na vida. A cada momento que dou um passo à frente, ela dá um passo atrás. Mas nunca sei qual será o último. Mesmo assim, vivo como se tivesse quilômetros a percorrer, quando, na realidade, posso ter apenas mais alguns centímetros.

Não preciso levar mais e mais tapas na cara para acordar. Só preciso encarar a morte e dar um passo à frente com propósito, sabendo que o próximo não está garantido.

Vivendo dessa forma, minha única escolha será ser meu melhor eu.

LXV

Deito-me no sofá e ouço uma palestra de Wayne Dyer no YouTube. Era amigo de Cheryl e eram convidados com frequência para abrir conferências juntos.

— Se somos aquilo em que pensamos — diz ela —, então temos de tomar muito cuidado com aquilo em que pensamos.

Gosto da convicção firme da verdade na voz dele.

— Se você quer atrair o que é bom em sua vida, mas está falando sobre o que falta e pensando no que falta, vai continuar a expandir o que falta.

Ele conseguiu minha atenção.

— Eu nunca falo sobre o que está faltando em minha vida. Só coloco minha atenção no que pretendo criar.

Sento-me. Ele acaba de abrir o próximo nível.

— Não importa o que você queira atrair na vida, diga a si mesmo: "Está a caminho." Três palavras. Tatue-as no interior de suas pálpebras.

Depois, ele fala algo pelo que me apaixono.

— Por que muitos de nós aprendemos a dizer "com a sorte que tenho" querendo dizer que as coisas não vão dar certo? Por que você não diria de outra forma, transformando em hábito: "Com a sorte que tenho, provavelmente vai chegar mais rápido do que o normal"? O que acontece é o seguinte: quando você começa a mudar sua forma de pensar, só consegue agir sobre seus pensamentos. E, ao começar a agir naquele pensamento, começa a ser um colaborador do destino.

Ele acaba de definir como ando me sentindo. Que a vida está trabalhando para o meu bem. Segundo ponto de referência no mapa de Tabreez.

Depois de o vídeo terminar, sinto que, embora Wayne tenha falecido há alguns anos, ele acaba de falar diretamente comigo. Essa é a beleza de nossa era moderna. A sabedoria e os mapas alheios nos estão disponíveis. Vivê-los é escolha nossa.

LXVI

Estou no banheiro me aprontando para dormir. Olho-me no espelho e me aproximo. Um amor intenso cresce. *Uau*, penso, olhando em meus olhos. *Uau. São tão lindos. Assim como o homem que me olha através deles. Como eu podia ter esquecido?*

O amor por mim mesmo flui. Não há tentativa, não tenho de repetir nada. Ele só flui.

LXVII

E, como se minha mente tivesse um grande senso de humor, regrido no dia seguinte. A saudade me rasga dolorosamente. Caminho pela casa, mal conseguindo manter o controle. As dez respirações são como rolar rochas morro acima. Mas consigo me perguntar: *o que The Rock faria?*

Ele se jogaria em um treino pesado. Então, faço isso. Pelo menos, estou cuidando do meu corpo. Obrigado, senhor Rock.

Volto ao apartamento e medito. Perto do fim, quando a música está acabando, uma voz no fundo de mim diz: *você vai sobreviver a isso e ficará fantástico.* O pensamento parece verdadeiro. Algo dentro de mim relaxa.

Se eu fosse esperto, ficaria naquele lugar. Faria durar o máximo de tempo possível. Repetiria as dez respirações. Em vez disso, ligo e deixo uma mensagem para ela.

— Foi um dia difícil — digo —, e eu só precisava me conectar com você.

Minha voz começa a falhar.

— Eu só queria... Daria tudo para voltar para casa, para nossa casa, e você estar lá, e eu colocar a cabeça no seu coração. Casa.

Eu tinha o costume de colocar o ouvido no peito dela, ouvindo seu coração. Era minha casa. Parece que me foi arrancado.

— Seu coração — falo. — Minha casa.

Estou soluçando. Não é bonito.

— Momento de fraqueza — explico. — Momento de
fraqueza.

Depois, fico lá parado por muito tempo. Eu estava
planejando sair e ver um amigo, mas algo em mim diz:
*não, fique neste espaço. Sinta. Esta noite é importante
demais.*

Assim, em vez de me distrair, fico em casa. Ando pelo
apartamento, olho pelas janelas, faço as dez respirações. Já
não são rochas, mas ainda são pedras. Estou cansado desse
sofrimento. Já chega.

E, então, sei o que preciso fazer.

LXVIII

Pego um caderno, abro e escrevo com força no papel:

*Juro amar a mim mesmo com tudo o que tenho,
em meus pensamentos, minhas ações, minhas
palavras — porque sou merecedor de amor
profundo e completo.*

Coloco a data. Depois, leio em voz alta dez vezes. Na quinta, algo dentro de mim começa a mudar. Estou entalhando as palavras em minha mente.

Vou ler isso em voz alta todas as manhãs e, depois, viver. E se eu tropeçar durante o dia, vou ler em voz alta de novo com uma intensidade feroz. Porque é isso que este juramento merece. Porque é isso que mereço.

LXIX

A dor é como uma catapulta, ela me lança. A direção em que me leva é minha escolha. Mas, como um projétil, vou acabar perdendo a energia e desacelerando. A dor só pode me levar até certo ponto.

Preciso de algo que vá me puxar, não empurrar. E, desde que eu dê tudo o que tenho, vai voltar na mesma moeda. Isso é um juramento.

Um juramento para si mesmo é um ato puro e sagrado. Quando olho o meu, com a caneta ainda apoiada na página, sinto como se tivesse acabado de fazer uma marca no universo. Isso é poder.

LXX

Menos de meia hora depois de eu declarar meu juramento, ela me liga. Os dois lados dizem muito sobre amor. Eu choro. Mas nada mudou. Ela está onde está e eu estou onde estou.

Depois de a ligação terminar, olho meu juramento. Algo está me incomodando.

Ela me disse:

— Acho que você me ama mais do que eu te amo.

Aquela afirmação ecoa em minha mente até eu ficar enojado comigo mesmo. Preciso me colocar em primeiro lugar. Esse juramento vai garantir que eu faça isso.

Tomo um banho longo e gelado. Quando volto à sala de estar, olho para a escuridão além das janelas e, então, ajoelho. Não sou exatamente o tipo que ora, mas cá estou.

— Deus — digo —, maior do que eu, do que a vida... Preciso entregar isso ao Senhor.

Pauso por um momento, buscando lá no fundo. O que surge me surpreende um pouco, mas o coração é o que é.

— Meu desejo é que ela e eu estejamos juntos com alegria. E que tenhamos uma linda vida juntos. É isso que eu quero. E entrego ao Senhor.

Então, faço isso. E um peso é retirado dos meus ombros. Não importa o que resulte disso, estou bem. Deste momento em diante, só terei um foco: manter meu juramento.

LXXI

No ano passado, uma empresa para a qual eu estava fazendo consultoria foi vendida. Eu tinha dito para os fundadores esperarem. Eles finalmente tinham tração no mercado e suas receitas estavam crescendo mês a mês. Só precisavam continuar o que estavam fazendo e construiriam a empresa de uma vida. No pior cenário, podiam vender por uma quantia significativamente maior do que a oferta oferecida na época.

Mas eles venderam. Meses depois, o CEO ligou e disse que eu tinha razão. Não é um problema vender e tirar o dinheiro da mesa, todo mundo lucrou, mas isso mostra a diferença entre bom e ótimo.

O bom vende quando as coisas estão decentes. O ótimo é paciente e disciplinado. Não aceita o decente e segue em frente com potência. O empreendedorismo é cheio desses exemplos, indivíduos começando do zero e construindo empresas enormes. Todas têm uma coisa em comum: fundadores com visão.

Nesta manhã, lendo meu juramento em voz alta, percebo que um juramento é também uma visão. Não há meio-termo em um juramento, você está apostando tudo. E se cair, ele lhe dá um motivo para levantar. Você se levanta e sacode a poeira, e aí volta a ele. Seu juramento o leva à grandeza.

LXXII

Entregar não significa desistir. Só estou passando o peso de meus desejos a algo maior do que eu. E incrivelmente, o ato em si acalma aquele sentimento interior de necessidade.

Uma borboleta bate as asas em uma floresta tropical, resultando em um tsunami do outro lado do mundo. A vida é muito mais expansiva do que minha mente pode compreender. Preciso confiar nisso. Vai prover-me de formas maiores do que eu podia ter imaginado.

LXXIII

Caminho para onde fiz o exercício de perdão. É um fim de tarde nublado, o estacionamento ainda está úmido pela chuva e o sol já se pôs. Faço minhas arrancadas de corrida. No resto do meu tempo, repito sucessões de respirações de amor por mim mesmo.

Ao terminar, sento-me no muro alto que beira o mar e ouço as ondas batendo contra as pedras lá embaixo. Nem sinal daquela que joguei há alguns dias. A vida a levou de mim. Penso em outras coisas que estou usando contra mim mesmo, abro minhas palmas e deixo-as cair. É tudo tão simples.

A noite fica mais escura. Corredores passam com lanternas. Quando penso sobre ela e a saudade surge, de novo abro bem minhas palmas e entrego a algo maior do que eu. Muito melhor do que o falatório desnecessário na minha cabeça.

Penso sobre a frase de Wayne Dyer e rio, dizendo a mim mesmo:

— Com minha sorte, a mágica vai vir mais rápido do que imaginei.

É bom pensar isso. Parece real.

E por que não? Aquilo em que acredito é o filtro através do qual a vida brilha. Depende de mim escolher algo que me faça sorrir de dentro para fora.

LXXIV

Um amigo me manda uma mensagem. Ele é expatriado e mora em Bali.

"Minha namorada tem uma terapeuta que também faz *theta healing*", diz. "Ela fala que é incrível. Queria te presentear com uma sessão."

Não faço ideia do que é um *theta* sei-lá-das-quantas, mas não me importo. Quando a vida lhe manda um presente, você aceita.

"É um pouco doido", ele fala. "Tudo bem por você?"

Passei parte suficiente da minha vida no norte da Califórnia. Pode vir com a maluquice.

Quando me dou conta, estou em uma sessão de Skype com uma loira suíça chamada Erika, que está em Ubud. Ela tem uma presença centrada, afetuosa e cuidadosa. É como se brilhasse.

Ok, no pior dos cenários, conversei com uma pessoa bacana e brilhante.

Ela me explica seu processo, fazendo uma série de perguntas sobre minhas crenças, e algo se destaca.

— Elas sempre me deixam — vejo-me dizendo. — Sempre que amo profundamente uma mulher, ela me deixa.

Não consigo acreditar no que estou dizendo, mas se encaixa. É um padrão desde que consigo me lembrar.

— E ela — falo. — Eu a amava. Foi real em todos os sentidos. E ela me amava. Eu teria apostado qualquer coisa que isso não ia acontecer.

Conto a Erika sobre quando minha mãe me abandonou na infância. Como a violência do meu pai tinha piorado e ela não conseguia mais aguentar. Como foi não poder tocá-la. Mas isso era algo que eu acreditava já ter resolvido.

Além do mais, minha mãe voltou, então, por que esse padrão?

Erika me guia por outros pontos da minha vida. Meu pai, o abusador, primeiros relacionamentos, e, em todos eles, a mesma crença se fazendo mais presente.

Quero vomitar. Se esse é meu filtro, é de se surpreender que a vida tenha acontecido dessa forma?

— Estou muito cansado disso.

— Que bom — fala ela, sorrindo. — É hora de desapegar.

Ela faz seu trabalho *theta* e, sabe de uma coisa, eu realmente me sinto liberando aquilo. Simplesmente vai embora. *Puf.* Depois, trabalhamos em uma nova crença. Penso em minha lista e decido pelo seguinte: sou um homem magnífico e a mulher que amo me ama profundamente e escolhe ficar comigo, e temos uma vida fantástica juntos.

Depois, falo sobre ela. Depois disso tudo, depois de todo o desapego, ainda a amo.

— Ela disse que está passando por algo — falo. — Que não tem a ver comigo.

Erika fecha os olhos e fica em silêncio por muito tempo.

— Então, acredite nela — diz, finalmente.

Antes, parecia impossível. Minhas inseguranças estavam dominando a situação. Mas amar a mim mesmo as enfraqueceu.

— Está bem — digo, assentindo. — E eu a amo, independentemente de qualquer coisa. Preciso deixar meu coração ser o que é.

Alguns dias depois, meu amigo me manda uma mensagem: "Minha namorada encontrou a Erika no supermercado, e a Erika disse que você a inspirou."

Aceito e acredito. O antigo eu, que não dava importância aos elogios, se foi. Eu aceito os presentes que a vida oferece. Depois, tiro minha lista e adiciono: eu inspiro curadores.

LXXV

É noite. Estou aconchegado no sofá, observando o manto de chuva sob os postes de iluminação da rua. Um navio cargueiro desliza tranquilamente pela baía, cruza a ponte e segue para o Pacífico aberto.

Não vejo TV, leio notícias nem checo redes sociais há quase um mês. Eu podia ter me perdido em todos os tipos de distrações. Em vez disso, enfrentei o incêndio e trabalhei em minha mente e em meu corpo. Dei tudo de mim para escrever, criar algo especial com essa experiência.

O homem que passar por isso será muito melhor do que o que entrou.

Isso é amar a mim mesmo.

LXXVI

Outro dia difícil. A saudade parece um buraco em meu peito. Pego um Uber para ver Matt e continuar o trabalho.

O motorista não olha diretamente para mim e, então, percebo que ele tem cicatrizes de queimadura no rosto e nas mãos.

É um caminho de uma hora, que me dá tempo para perder-me em pensamentos. Faço as dez respirações, mas mais em modo de sobrevivência. Enquanto o carro percorre a Estrada 280, olho para as mãos do motorista no volante.

Todo mundo tem cicatrizes. Sejam externas ou internas, elas estão ali. Focar nas minhas me mantém na escuridão. Isso reprograma velhos padrões. Imagino Wayne Dyer só pensando o que queria criar. Isso é focar na luz.

No escritório de Matt, Lisa tira meu sangue. Quando termina, coloca a mão em meu ombro e aperta forte. Pela forma como sorri, deve ter sentido que eu precisava.

A vida está me dando amor, sempre. E eu aceito.

LXXVII

Sejamos honestos. Relaxei por muito tempo. Meditando só quando era conveniente ou quando eu tinha tempo. Quando foi a última vez antes da puxada de tapete que amei a mim mesmo consistentemente?

A vida estava indo bem, eu fiquei preguiçoso, aí tive o acidente e foquei no que estava errado em vez do que funcionava. O que eu esperava? A mente é plástica, igual ao corpo. Veja o que acontece se você deixar de se exercitar por um ano e viver comendo donuts.

Aceitei o decente enquanto devia ter continuado até o ótimo. Devo assumir a responsabilidade por isso. E gostando ou não, levei um chacoalhão para acordar. Preciso aproveitá-lo. Haverá dias difíceis de novo, e não posso deixá-los me puxar para baixo.

Já fiz meu juramento. Já sei como aplicá-lo. O próximo passo é criar uma série de rituais para fazer isso consistentemente. Como escovar os dentes. Para que, independentemente das tempestades, eu sempre vá adiante.

LXXVIII

Observe a mente de um homem e terá uma visão privilegiada do destino dele. Tudo começa por dentro. Portanto, é crucial criar hábitos da mente.

Escrevo o que farei diariamente para manter meu juramento. Ao acordar, dez respirações. Seguido por tomar café e ler o juramento em voz alta, e depois meditar. No banho, dez respirações. Sempre que estiver caminhando ou ocioso, dez respirações. Na academia, descansando entre as séries, dez respirações. Antes de dormir, olhar nos meus olhos no espelho e dizer "eu me amo" até algo mudar por dentro. Na cama, pegando no sono, dez respirações.

Coisa demais para lembrar? Na verdade, não. Há um padrão de intensidade aqui após acordar e antes de dormir. Então, durante o dia, sempre que a mente estiver ociosa, dez respirações. Simples.

Este é o meu risco na areia. O mínimo do mínimo para manter meu juramento. Então, mesmo que haja dias difíceis, vou continuar aprofundando os canais. Porque mereço.

LXXIX

Certa vez, li um livro em que o autor mencionava que era capaz de conseguir tudo o que queria usando afirmações. A cada dia, ele escrevia quinze vezes: "Eu, nome, vou..." e, então, afirmava o que queria. Era um homem extremamente racional que testou isso por curiosidade e, quando funcionou, ele simplesmente continuou usando.

Ele não estava vendendo nada. O livro não se tratava disso, aliás, era quase uma reflexão secundária. Ele falava aquilo meio tímido, compartilhando mais porque, bem, quando se descobre uma verdade que funciona, é o que se deve fazer.

Ele tentou racionalizar, dizendo que afirmações faziam a mente se concentrar naquilo que precisava prestar atenção.

Uma explicação racional. Mas ele também dizia que muitas das coisas para as quais ele usou o método estavam fora de seu controle e, mesmo assim, aconteceram.

Eu o conheci e, entre o jantar e alguns drinques, perguntei sobre isso.

— Tudo verdade — falou. Pessoalmente, não deu racionalização alguma. Tinha passado a acreditar que as afirmações acessavam alguma estrutura da realidade que não podia ser explicada.

Faz sentido. Podemos racionalizar toda a nossa vida, mas, no fundo, ansiamos pelo que é maior. Fluir. E, quando achamos uma forma de fazê-lo, mesmo que nunca compartilhemos por medo de parecermos ridículos, isso nos conforta. Não há ateus em uma trincheira sob bombardeio pesado.

Então, será que toda essa repetição de amar a mim mesmo é só uma afirmação? Talvez. Será que é uma reescrita de caminhos neurais em meu cérebro? Afinal, é bem sabido que neurônios que disparam juntos se conectam. Quanto mais você os dispara e os conecta, mais forte o caminho e mais ele dispara sozinho. Claro. Explicação razoável.

Mas isso explica as mudanças que estão acontecendo em minha vida? As oportunidades que estão aparecendo, as coisas que eu não sabia como fazer acontecer naturalmente acontecendo sozinhas? Talvez. Eu podia pegar cada uma, desdobrar e racionalizar.

Mas isso me é útil? Minha crença é a lupa através da qual brilha a vida.

Os mapas e as crenças da humanidade estão disponíveis para mim. Devo pegar o que me atrai e apostar tudo nisso. A vida me recompensa quando assumo uma posição, quando digo "é nisso que acredito e vou viver isso inteiramente".

Isso não acontece quando relaxo. Essa é uma verdade que aprendi.

LXXX

Vou à academia. Já estou na minha melhor forma de anos. Minha dieta está perfeita, sem furos. Sempre que estou tentado a trapacear ou cometer um deslize, pergunto-me: se eu me amasse, o que eu faria? A resposta é clara e eu vivo ela. Cada vez que vivo a resposta, reforço o caminho de fazer escolhas amorosas para mim. Antes, eu fazia isso, mas estou em um outro nível agora. É isso que acontece quando você faz de tudo para manter seu juramento.

Observe sua mente em algum momento e perceberá que ela sempre está respondendo perguntas. O medo é uma resposta ao que poderia dar errado. A dor é uma resposta ao que está faltando. Você rapidamente perceberá que a mente naturalmente busca o negativo, não a luz.

Portanto, você deve conscientemente se fazer perguntas empoderadoras. Perguntas que resultem em fazer escolhas amorosas para si. Faça isso por um tempo e você precisará perguntá-las cada vez menos. Viver as respostas terá se tornado um hábito.

LXXXI

Anos atrás, durante um jantar, uma amiga me disse que tinha morrido e sido trazida de volta. Clinicamente morta por oito minutos, coisa séria. Eu tive de perguntar:

— Alguma coisa aconteceu enquanto você estava... sabe?

Ela negou com a cabeça. Não lembrava nada. Então, olhou ao redor, apoiou o garfo e sussurrou:

— E se isto for o paraíso?

Recostou-se e me observou.

— Eu morri — disse ela. — Como vou saber se isto não é o outro lado?

Foi um daqueles momentos em que o tempo para. Parecia que alguém tinha me dado um safanão na cabeça. Nenhum de nós falou por um instante.

— Então, é assim que vivo — falou ela, por fim. — Como se este fosse o paraíso.

Uma crença e tanto.

LXXXII

Passo no escritório de Matt. Ele não está na cidade, mas vou tomar um soro intravenoso com vitaminas e um monte de coisa boa. Por quê? Autocuidado é amar a si mesmo.

Lisa entra na sala para colocar o soro.

— Ah, que lindas — ela diz, olhando as flores na janela.

Ela amacia uma almofada aquecida, coloca embaixo dos meus braços e gentilmente insere a agulha na minha mão. Ela me fala que fez aula de zumba hoje de manhã, o que a deixou bem o dia todo.

Então, seu rosto suaviza. O filho dela treinava naquela academia. Às vezes, quando ela fazia uma aula, o observava se exercitando pela parede de vidro.

— As pessoas dizem que eu deveria pegar leve. Tenho fotos dele em todo lugar, no meu telefone. Mas não quero. Ele faz parte de mim.

Ela encaixa o tubo na agulha, faz o fluido começar a correr, depois envolve a minha mão com um curativo vermelho. Ao terminar, suspira.

— Mas talvez eu devesse...

Será que ela diria que isto é o paraíso? Não pergunto.

Aqui está ela, ainda apreciando momentos de beleza no dia, sorrindo para seus pacientes, cuidando deles de forma gentil e amorosa. Criando pequenos pedacinhos de paraíso com sua presença.

— Quase fiz uma tatuagem esta semana. Não deu, mas vou fazer. O que acha: nome no meu pulso ou um pássaro?

— Pássaro — opino. — Um símbolo é sempre melhor.

Conto a ele sobre meu símbolo favorito, o lótus. Crescendo na lama, abrindo-se para a luz.

Ela sorri.

— Símbolo, então.

Ela pega o lixo e sai. Penso de novo em meu símbolo. Um lótus não se força a abrir-se para receber a luz, mas o contrário. A luz o abre.

Em todo o trabalho que estou fazendo para amar a mim mesmo, deve haver um nível superior. Em que não haja esforço nem luta contra a resistência. Em que eu só me permita receber o amor que sempre foi meu.

LXXXIII

Então, faço isso. Na cama, à noite, repito as dez respirações até pegar no sono. Mas desta vez, não forço. Respiro mais fundo, mais lentamente, sentindo o amor entrar. Sem resistência, só recebendo o que é meu.

Acordo sorrindo. Então, imediatamente me volto às dez respirações. Recebendo meu amor, recebendo a luz.

LXXXIV

Por que dez respirações? Porque é fácil de lembrar. Bastante o suficiente para causar uma leve mudança a cada vez. Pouco o suficiente para superar qualquer desculpa.

Mais importante, o mantém consistente em seu comprometimento de amar a si mesmo. Mas isso não quer dizer que você deve apenas repetir algumas vezes a sua prática das dez respirações por dia e pronto. É o mínimo. Quanto mais você dá de si, mais recebe.

Aliás, faça períodos de dez minutos de dez respirações sem parar. Faça isso para substituir algo que teria preenchido seu tempo, mas sem contribuir com seu bem-estar. É sua cura. É sua vida. Dê a si mesmo a atenção que você merece.

LXXXV

A noite é perfeita para os períodos de dez minutos de dez respirações. Estou na cama, terminando o dia, então, é mais fácil sobrepor camadas de amor em meu subconsciente. Coloco um *timer*. Então, a cada inspiração, expando meu peito e permito que o amor e a luz entrem. Quando expiro, solto o que quer que venha. Só isso.

Às vezes, repito "eu me amo" com a inspiração. Às vezes, não. Mas, a cada uma, deixo-me sentir. Essa está sendo a parte mais importante. Sentir.

Também é uma ótima forma de remover a sujeira e a carga emocional acumuladas durante o dia. Melhor deixar aqui do que levar o peso para amanhã.

LXXXVI

Dentro de dois dias, voo de volta a Nova York. Imagino o apartamento em que entrarei, sem as coisas dela. Os armários vazios. Pergunto-me como vou me sentir, mas quem sabe? Tudo o que sei, independentemente de qualquer coisa, é que sou um homem magnífico que começou a amar a si mesmo de novo.

Vai ser mais um ponto de partida. Vou amar a mim mesmo ferozmente a partir dali.

LXXXVII

Passo de novo no consultório de Matt. Meu voo é amanhã de manhã. Quando vejo Lisa, dou a ela o presente que trouxe. É um aparelho de luz que comprei recentemente para estimular a produção de vitamina D. Na semana passada, ela mencionou que tinha pegado um emprestado, se sentiu bem e estava economizando para comprar um.

— Tem certeza? — pergunta ela, quase abraçando o aparelho. — Não posso lhe pagar nada em troca?

— É um presente. É para ser aceito.

— Para mim, é mais fácil dar. Não receber.

— É por isso que você devia receber mais ainda.

Estou sendo eu mesmo novamente. Sorrindo mais. Dando. Sou melhor, de tantas formas, do que há apenas um mês. Meu coração ainda dói, mas um coração que ama tão profundamente é capaz de sentir as duas coisas. Há beleza nisso também.

Ainda estou nos estágios iniciais, sei disso. Quanto mais tempo amar a mim mesmo, mais os efeitos se acumularão. Mesmo assim, será que meu progresso podia ter sido mais rápido?

Honestamente, sim. Eu devia ter aceitado meu próprio conselho. Ele teria me levado a perdoar a mim mesmo e fazer meu juramento imediatamente. Há algo especial nesses atos. A vida muda a seu favor no momento em que você decide fazê-los.

Mas relaxei por tempo demais. Não é surpresa, portanto, que tenha ficado preso em minha mente, no que tinha dado errado em vez de no que eu sabia fazer. A mente é traiçoeira assim mesmo. Entregue a seus próprios mecanismos, ela vai colocar aquilo de que mais precisamos por último.

Não tem problema. Eu me perdoo por isso, também. Isso é amar a si mesmo.

LXXXVIII

Então, como funciona esse negócio todo? Você decide amar a si mesmo e aí bilhetes premiados da loteria caem do céu e você nunca mais se preocupa com nada? É mais bonito e nuançado que isso. As coisas começam, sim, a funcionar. Experiências e recursos fora de seu alcance o encontram. Eu vi acontecer várias vezes.

Mas você precisa ir até elas. Você precisa ir aonde elas o levarem. E se estiver confuso sobre o que fazer, só pergunte se está agindo por amor ou medo. Faça com que seja amor, sempre.

Outra coisa que acontece é que você recebe lembretes mentais. Muitas vezes, na meditação. Coisas a fazer, pessoas com quem falar, o que dizer. Ouça-os. Isso é a vida o guiando.

Você também fica honesto e real em suas interações. Sua mente é importante demais para se distrair com conversas vazias. Você se vê expressando coisas que pensava há anos, mas não tinha coragem de dizer, com medo de como o outro poderia receber. Você faz isso com gentileza. Não fique surpreso se às vezes isso criar conflito. Mas é interessante, leva seus relacionamentos a um outro nível.

Junto com essa sinceridade vem maior discernimento sobre quem você permite que entre em sua vida. É claro consigo mesmo sobre as intenções das pessoas. Sem justificativas, sem projeções. Zero desculpas. Porque, no fim, essas intenções vão alcançá-lo. Sua vida é importante demais para intenções pobres.

Muitos de seus medos diminuem naturalmente. Afinal, são só velhas repetições mentais. Você começa a enxergar através das cobras projetadas pela alucinação. E, quando está confuso, pergunta a si mesmo se o pensamento veio do amor ou do medo. Isso resolve.

A maior mudança: você começa a desapegar. Do que usava contra si mesmo, do que usava contra os outros. Da culpa, da vergonha, da dor. Do sofrimento desnecessário. Quando solta o peso, você percebe a verdade — é tudo ilusão da mente. O que sobra é você, renascido, dando amor a si mesmo. Você vive a partir desse lugar.

Por fim, você se vê tendo momentos de gratidão. Às vezes, eles surgem do nada. Às vezes, surgem da forma como a vida está acontecendo para você.

Você atinge a perfeição? Não se for humano. Mas você é uma pessoa muito melhor do era que antes. Como ter certeza? Simples, só observe seus pensamentos. E, como seus pensamentos determinam seu destino, sua realidade muda para refleti-los.

Hipócrates disse: deixe a comida ser seu remédio e o remédio ser sua comida. Adapte para o seguinte: deixe seus pensamentos serem seu remédio e o remédio ser seus pensamentos.

LXXXIX

Se eu fosse resumir tudo para você, o que diria?

Eu diria: não espere até precisar. Comece agora mesmo. Aposte tudo em amar a si mesmo.

Primeiro, perdoe-se. Isso apaga o passado. Em seguida, faça o juramento. É uma declaração a si mesmo e à vida sobre quem você será. O ato em si é um divisor de águas. Depois, faça todo o necessário para mantê-lo. Intensifique o amor e a vida se intensificará de volta.

Eu também diria: não relaxe. Não importa o quanto fique bom, não importa quais desculpas a mente criar, não relaxe. Vá com tudo de novo e de novo.

Depois, eu diria mais uma coisa: compartilhe o que aprendeu com isso. Ao dividir sua experiência, você fica melhor e o mundo fica melhor. É simples assim.

XC

Manhã chuvosa em São Francisco. Malas feitas, apartamento limpo. É hora de ir para o aeroporto. Encho meu copo de água e caminho uma última vez até as plantas. O que vejo me faz sorrir. Na maior delas, entre galhos de aparência morta, crescem duas lindas folhas verdes brilhantes. As duas nasceram do mesmo lugar, como o desdobramento de um coração.

Fico parado lá por um tempo, admirando-as. Quando você dá amor, a vida devolve.

DE KAMAL

Se você achou este livro útil, por favor, resenhe-o e compartilhe. Isso ajuda a fazer com que a mensagem chegue até quem precisa. Seria muito importante para mim. Obrigado.

E, por favor, fique à vontade para me escrever no e-mail k@founderzen.com.

Este livro foi impresso pela Exklusiva, em 2020,
para a HarperCollins Brasil. O papel do miolo é
pólen soft 80g/m², e o da capa é cartão 250g/m².